AF411594

FRANÇOIS-MARIE BANIER

On the Edge

KERBER

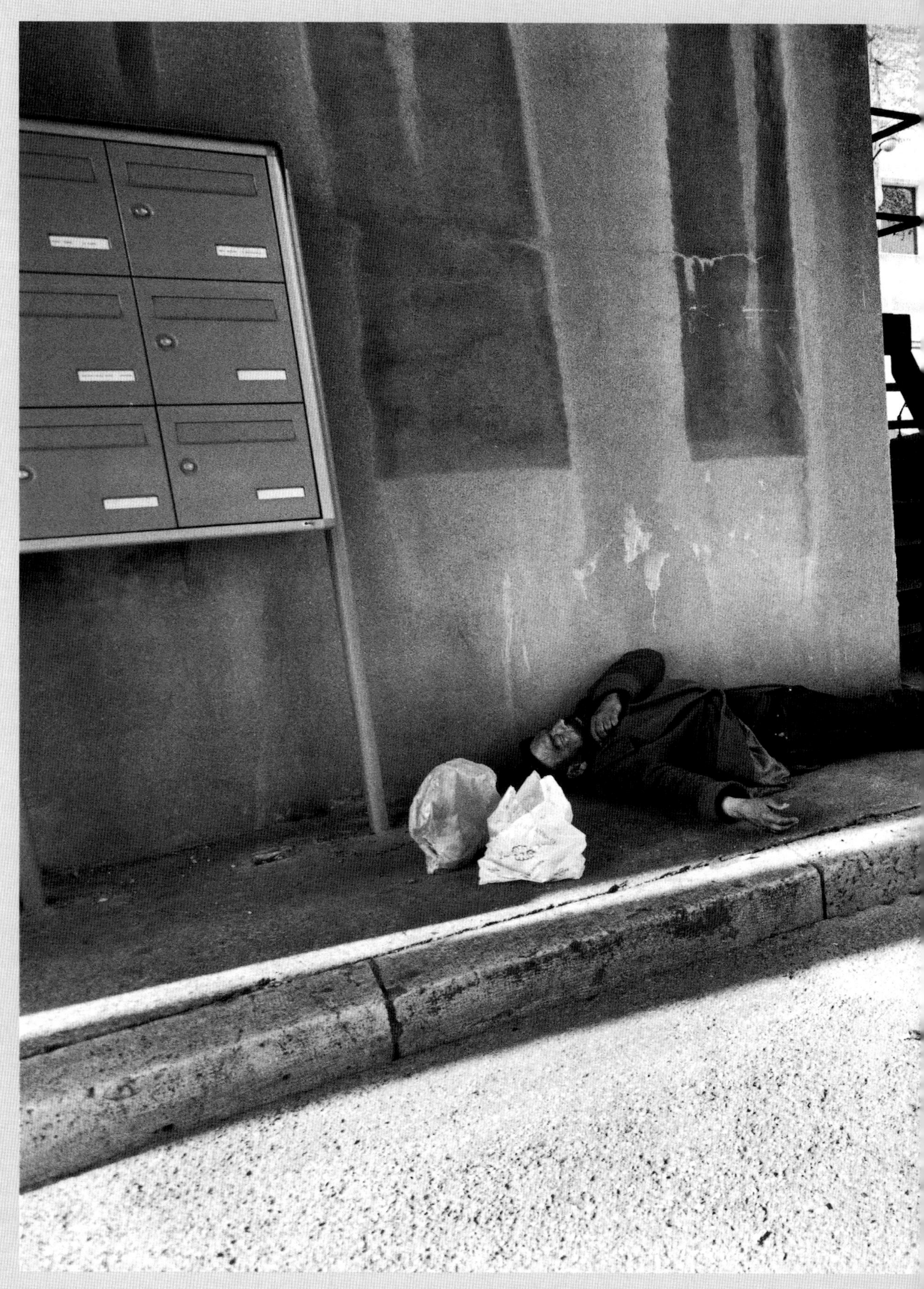

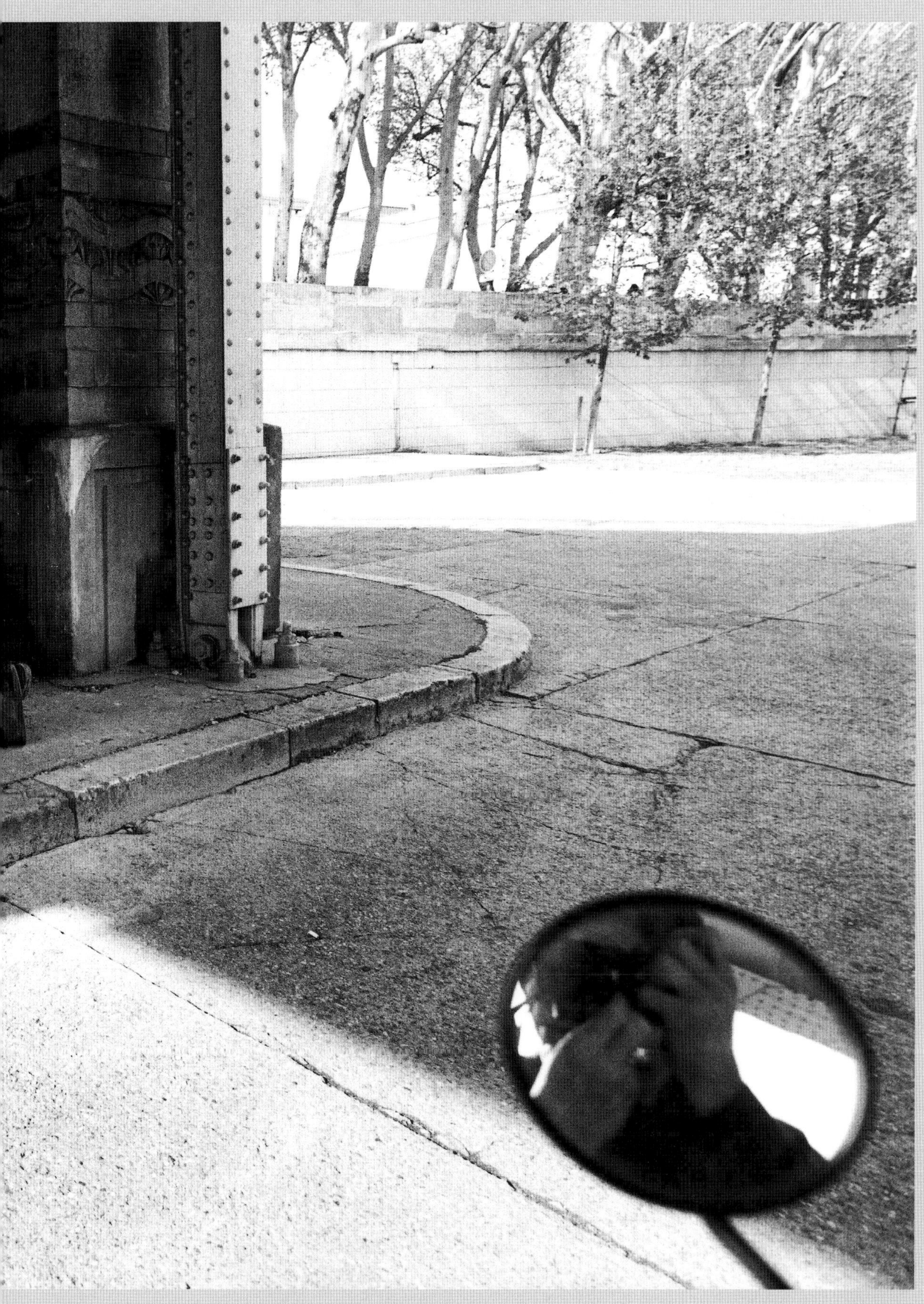

ON THE BANKS OF THE SEINE, PARIS, APRIL 2004

On the Edge

Museum Haus Lange, Krefeld
Edited by Martin Hentschel

FRANÇOIS-MARIE BANIER

 # FRANÇOIS-MARIE BANIER

und das Schöpferische in der Fotografie

Keine Kunst erschließt sich so im Nu wie die Fotografie. Literarische Werke erfordern Stunden des Lesens, musikalische Werke müssen aufgeführt und gehört werden, selbst die Malerei verlangt Betrachten und meditatives Eindringen. Das Werk eines Fotografen hingegen tritt uns augenblicklich unverhüllt mit extremer, zuweilen furchtbarer Gewalt vor Augen. Es zeigt uns Männer, Frauen, Kinder, und wir erkennen sie als unserer vertrauten Welt angehörend, doch einem unglaublichen Paradox zufolge scheint es uns zugleich, als sähen wir sie zum ersten Mal. Und ebenso ist es mit Landschaften, die offensichtlich die unseren sind, in denen wir uns aber schrecklich heimatlos fühlen.

Was sagt uns das Werk des François-Marie Banier? Was auf den ersten Blick frappiert, ist seine Kraft. Er zeigt uns Arme, Alte, Krüppel, Exzentriker, vielleicht Verrückte. Doch diese Gestalten sind niemals erbärmlich, sie zielen bei uns nicht unter die Gürtellinie. Es wird uns warm ums Herz von dem intensiven Leben, der Selbstbejahung, dem Daseinswillen in ihnen. François-Marie Banier hat eine Neigung zu Zwillingen, und man sieht auch, weshalb: Diese Verdoppelung einer einzigen Person erhebt das Bild in eine höhere, in die zweite Potenz. Der Zwilling ist ein normaler Mensch, aber mit der monströsen Eigenschaft, zweifach zu sein. Wie alle Berufsfotografen geht Banier an die „Prominenz" heran und stellt uns rücksichtslos vor die entscheidende Frage: Welcher Unterschied besteht zwischen dem Gesicht eines Mannes, einer Frau, die „berühmt" sind, und dem Gesicht eines Unbekannten? Seine Antwort ist klar: keiner. Durch ihn begegnen wir auf der Straße Rostropovich, Horowitz, Marie Laure de Noailles, Ray Charles, Mick Jagger, Joselito, Silvana Mangano u.a. Eines seiner Geheimnisse ist wohl, dass seine Gestalten nie losgelöst sind von ihrem Milieu, wie das bei den üblichen oder gar den offiziellen Porträts die Regel ist. Der Armenier Yousuf Karsh hatte sich auf die „großen Männer" seiner Zeit – Päpste, Staatschefs, Nobelpreisträger – spezialisiert, und er verstand es, sie mit einer tragischen Einsamkeit zu umgeben und sie in eine museale Ewigkeit zu tauchen. François-Marie Banier hingegen schafft eine enge innere Verbundenheit zwischen seinem „Sujet" und der Umwelt. Seine Kunst erreicht einen Höhepunkt, wenn er über einem Samuel Beckett einen kleinen Jungen platziert, der – wie es scheint, mit derselben Bewegung – seinen Ball vor sich herkickt.

Und da ist auch Brasilien, dem François-Marie Banier einen imponierenden Band gewidmet hat. Brasilien, Land heißer Leiber und heißer Sonne, Gesichter, leuchtend vor Liebe zum Leben, Körper, geschmeidig und sinnlich, die nach Berührung verlangen. Die verschiedenen Rassen, die seine Bevölkerung bilden und die sich hartnäckig gegen die USA stellen, verschmelzen in Brasilien

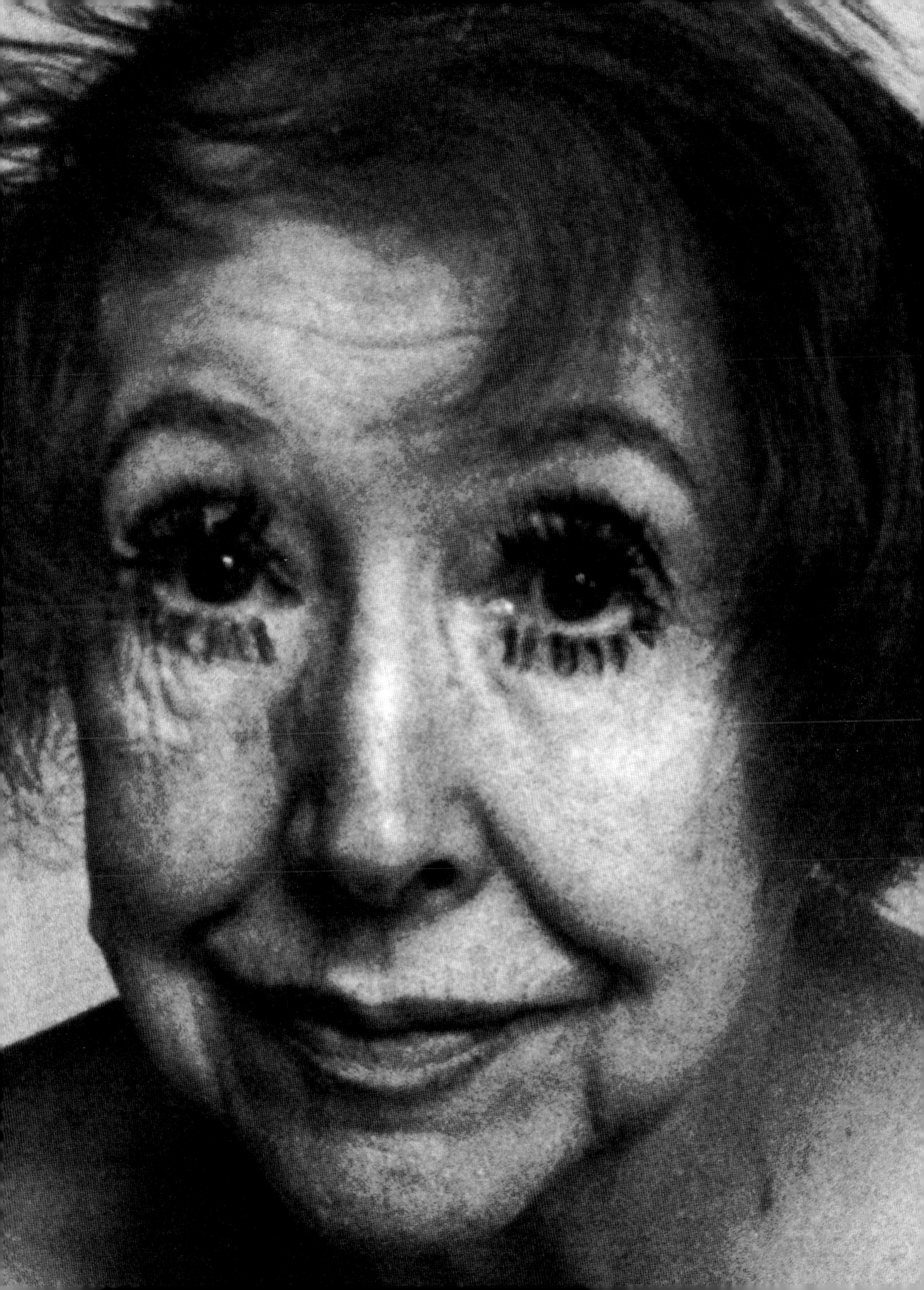

zu einem Typus, der beherrscht ist von der Liebe, gemeinsam zu leben. „Schwarz, weiß, Masken – wer ist da Schatten? Wer ist Licht?", fragt Banier. „Im Reich von Musik und Tanz, in Brasilien haben selbst die Formen die Kraft, zu lieben und sich der Liebe hinzugeben." Die Armut ist ebenso groß wie zum Beispiel in Indien, aber sie wird anders erlebt. Der Inder mag ein wundervolles Gesicht haben – er hat keinen Körper unter seinem Gewand. Seine Geistigkeit ist strahlend, doch ohne Fleisch und Blut. Die Armut Kalkuttas umlagert und ängstigt den Zugereisten. In jedem Moment bedrängt ihn das Bettlertum. Brasilianer hingegen scheinen immer schenken und verführen zu wollen. Sie sind schön, gut gekleidet, lächelnd und aufgeschlossen. Im Hintergrund ist immer der Karneval von Rio, auf den sie das ganze Jahr sparen. Wirklich: Je reicher ein Land ist, umso kümmerlicher sind seine Feste. Je ärmer ein Land ist, umso glanzvoller sind sie. Samba, Carioca-fieber, Rumba, der Rausch extravaganter Kostüme und überschwänglicher Nacktheit bieten sich eine Nacht lang den Blicken dar.

Welterschütternde Fotografie

Jahrhundertelang war als selbstverständlich anerkannt, es sei das Ideal der darstellenden Künste – Zeichnung, Malerei, Plastik –, die Wirklichkeit abzubilden. Pascal war wohl einer der Ersten, der diese Vorstellung in Frage stellte durch eine jener skandalösen Formeln, deren Geheimnis er besitzt: „Welch eitles Tun, die Malerei: sie erntet Bewunderung ob der Ähnlichkeit mit Dingen, deren Originale man keineswegs bewundert!" Er hat Recht. Wenn die Malerei nichts ist als das Abbild der Wirklichkeit, ist sie wertlos. Wenn sie wertvoll ist – und wer wollte daran zweifeln? –, dann deshalb, weil sie nicht das Abbild der Wirklichkeit ist. Diese ganz simple Wahrheit explodierte wie eine Bombe an dem Tag, als die Erfindung der Fotografie bekannt gegeben wurde.

Die erste Fotografie der Geschichte machte anerkanntermaßen Nicéphore Niepce 1826 in Chalon-sur-Saône vom Fenster seines Hauses aus. Doch es dauerte noch zwanzig Jahre, bis die fotografische Revolution alle Bereiche der Kunst erschütterte. Als Horace Vernet, der berühmte „Schlachtenmaler", aus dem Institut zurückkam, wo die Entdeckung der Fotografie bekannt gege-ben worden war, erklärte er: „Die Malerei ist tot." Das stimmte, jedenfalls für die seine, und so gehen die ersten im Krieg an der Front hergestellten Plattenaufnahmen auf den amerikanischen Sezes-sionskrieg um 1860 zurück. Für das Porträt galt das gleichermaßen. Félix Tournachon (1820–1910), genannt Nadar, war professioneller Porträtmaler und verlangte von seinen „Kunden", ihm stunden-lang zu „sitzen". Das Aufkommen der Fotografie ermöglichte ihm als ersten Schritt, ihnen solche Sitzungen zu ersparen: Er fotografierte sie und arbeitete dann nach seinen Platten weiter. Als nächster Schritt kam ihm dann die Idee: Weshalb diese Porträts denn zeichnen, nachdem sie doch schon als Fotos vorliegen? – Der Zeichner war tot, der Fotograf war geboren. Wunderbare Porträts aller großen Männer seiner Zeit, angefangen mit Baudelaire, sind ihm zu verdanken.

Das war ein erstaunlicher Sieg, denn eben dieser Baudelaire hatte beim ersten Auftreten der Fotografie geschrieben: „Auf dem Gebiet der Malerei und der Bildhauerei lautet das derzeitige Credo der maßgeblichen Leute, vor allem in Frankreich, so: Ich glaube an die Natur und an nichts als die Natur. Ich glaube, die Kunst ist und kann nichts anderes sein als die Wiedergabe der Natur. Ein rächender Gott hat die Wünsche dieser Allzuvielen erhört. Ihr Messias war Daguerre. Und da sagten sie sich: Die Fotografie gibt uns jede gewünschte Gewähr für Genauigkeit, darum ist Fotografie Kunst. Von diesem Moment an stürzte sich der Abschaum der Gesellschaft wie ein Narziss darauf, sein vulgäres Gesicht auf der Platte zu betrachten."

In Wirklichkeit war die Ehe von Malerei und Fotografie innig und fruchtbar, obwohl es an Unwettern und Streitigkeiten zwischen ihnen nicht mangelte. Daraus hervor ging eine tief greifende Revolution der Malerei, die sich Impressionismus, Kubismus, Surrealismus nannte. Derselbe Nadar veranstaltete 1874 in seinem Atelier die erste Ausstellung von „Plein-air-Malern", die alsbald ironisch „Impressionisten" genannt wurden. Und was ist der Hyperrealismus von Richard Estes, Malcolm Morley, Chuck Close, Richard McLean und zahlreichen anderen um 1970 anderes als ein Versuch der Malerei, die Fotografie auf ihrem eigenen Feld zu schlagen, der minutiösen Darstellung des Realen?

Zu ergänzen ist, dass die Fotografie nicht allein die Malerei revolutioniert hat. Unser Blick auf die Dinge selbst wurde von ihr verändert. Weil wir von frühester Kindheit an Fotos anschauen, sehen wir die Dinge nicht mehr auf dieselbe Art. Ich will dafür nur ein Beispiel anführen, das seltsam und selten, aber sehr aufschlussreich ist. Nichts ist dem Menschen vertrauter als das Pferd, und zwar schon seit der frühesten Antike. Aber alle Darstellungen eines in Bewegung befindlichen Pferdes – als Zeichnung, Gemälde oder Plastik – stimmen in der Stellung der Beine nicht. All diesen Künstlern können wir sagen: Nein, im Schritt, im Trab oder im Galopp hat ein Pferd nie diese Stellung seiner vier Beine. Besonders schockierend ist der Fall Théodore Géricault. Denn er hat zahlreiche Pferde gemalt und war selbst ein hervorragender Reiter (er starb sogar an einem Sturz vom Pferd). Doch all seine Pferdedarstellungen stimmen nicht, einschließlich seines berühmten „Derby zu Epsom" von 1821. Das Jahr ist von Interesse, denn damals war die Fotografie noch nicht da. Hingegen kann man sagen, dass von 1850 an die Zeichner und Maler sich genötigt fühlten, die Stellung der Pferdebeine der Wirklichkeit anzupassen. Offensichtlich hatte die Fotografie sie dazu gezwungen.

Der schöpferische Blick

Ist die Fotografie schöpferisch oder ist sie nichts als die mechanische Wiedergabe eines Bildes? Im großen Ganzen sind für den Fotografen die Fakten gegeben; er hat sie nur mit seinem Apparat auf der Bildfläche festzuhalten ...

Die häufige Begegnung mit den „Großen" der Fotografie widerspricht dieser naiven Behauptung. Die Feststellung ist einfach und durchschlagend: Was sie „sehen" – das könnte niemand sonst sehen. Und darum ist das Bild ihre Schöpfung. Und hier muss man wohl ein wenig Philosophie treiben ...

Das Problem des Erkennens ist das der Beziehung zwischen seinen zwei Endpunkten, dem erkennenden Subjekt und dem erkannten Objekt. Auf der einen Seite der Chemiker, auf der anderen das chemische Produkt, auf der einen Seite der Astronom, auf der anderen der Stern usw. In dieser Konfrontation kann man mit dem Vorrang des Subjekts antworten – das ist der Idealismus – oder mit dem Vorrang der Objekts – und das ist der Realismus. Der Idealist betrachtet das Objekt als eine amorphe Materie, die das Subjekt zu strukturieren und verstehbar zu machen hat. Laboratorien haben gar keine andere Funktion. Der Realist denkt, dass alles im Objekt steckt und dass durch dessen Erforschung das Subjekt alles erst lernen muss – das Subjekt, das von Haus aus nur ein Wust von Ignoranzen, Illusionen und Vorurteilen ist. Man kann sagen, alle Philosophie entstamme idealistischem Geist und finde ihre Definition im ersten Satz des Hauptwerks von Arthur Schopenhauer (Die Welt als Wille und Vorstellung): „Die Welt ist meine Vorstellung".

Man erzählt, Newton sei das Gravitationsgesetz eingegeben worden, als er einen Apfel fallen sah. Die erste Interpretation dieser Geschichte ist naiv-realistisch: Das Fallen des Apfels „enthielt" das Gravitationsgesetz. Es genügte, dass Newton es darin sah. Aber es ist klar, dass diese Interpretation der Überlegung nicht standhält. Wo war das Gravitationsgesetz? In dem fallenden Apfel oder in Newtons Geist? Das Fallen des Apfels war offensichtlich nur das Geschehnis, das bei Newton den Ausdruck eines Gedankens auslöste, mit dem er schon lange umgegangen sein musste. Vor ihm hatten Tausende von Menschen schon Tausende von Äpfeln fallen sehen, ohne an irgendein Naturgesetz zu denken. Alles lag in Newtons Blick auf den Apfel, und diese Frage nach dem Blick führt uns ganz natürlich wieder zurück zur Fotografie.

Um das Geheimnis fotografischer Schöpfung zu umreißen, will ich noch eine letzte Parabel benutzen. Stellen wir uns mal einen Mann vor, der Schritt für Schritt durch eine riesige Kieswüste geht. Manchmal bückt er sich und liest einen Kieselstein auf. Er prüft ihn und wirft ihn wieder weg. Aber ganz selten behält er ihn und steckt ihn in einen Sack. Sein Haus ist eine einzige Ausstellung von Kieseln. Alle stammen aus der Wüste. Doch der Besucher merkt rasch, dass ihre Formen immer ungewöhnlich, seltsam, manchmal schön, noch häufiger unheimlich sind. Und was ihn vor allem frappiert, ist etwas Verwandtes, das diese Hunderte von Steinen verbindet. Ein Stil, ja, ganz einfach der Stil des Sammlers. Das Auge des Sammlers hat dem aufgelesenen Kiesel seine Existenz verliehen. Vor dieser Auswahl existierte der Kiesel nur virtuell, verloren in der Menge der anderen Kiesel.

Diese Art von Schöpfertum ist verwandt mit der des Fotografen, denn die Handlungen, Mienen, Gebärden und Tänze der Menschen, denen er begegnet, existieren ebenso wenig wie die Kieselsteine in der Wüste. Was ihnen Existenz verleiht, ist die Sicht des Fotografen, der sie aufnimmt.

Kurze persönliche Anmerkung

Ins Fotografieren eingeführt wurde ich von meinem Großvater mütterlicherseits. Er war der Apotheker eines Dorfes in Burgund, Bligny an der Ouche, 700 Einwohner, unweit von Beaune. Damals hatten Aufnehmen, Entwickeln und Abziehen etwas mit Chemie zu tun, und ein Apotheker erschien zu diesen Arbeiten besonders geeignet. Mit ihm habe ich Kindstaufen, Hochzeiten, junge Leute in Uniform, die ihren Militärdienst absolvierten, auf Glasplatten aufgenommen. Sehr früh schon hatte ich meine Kodak-Kamera, und auf Reisen und in den Ferien hatte ich sie immer bei mir.

Alles änderte sich 1960, als das 2. Programm des französischen Fernsehens geschaffen wurde. Darin produzierte ich unter dem Titel „Chambre Noire" eine wöchentliche Sendung über

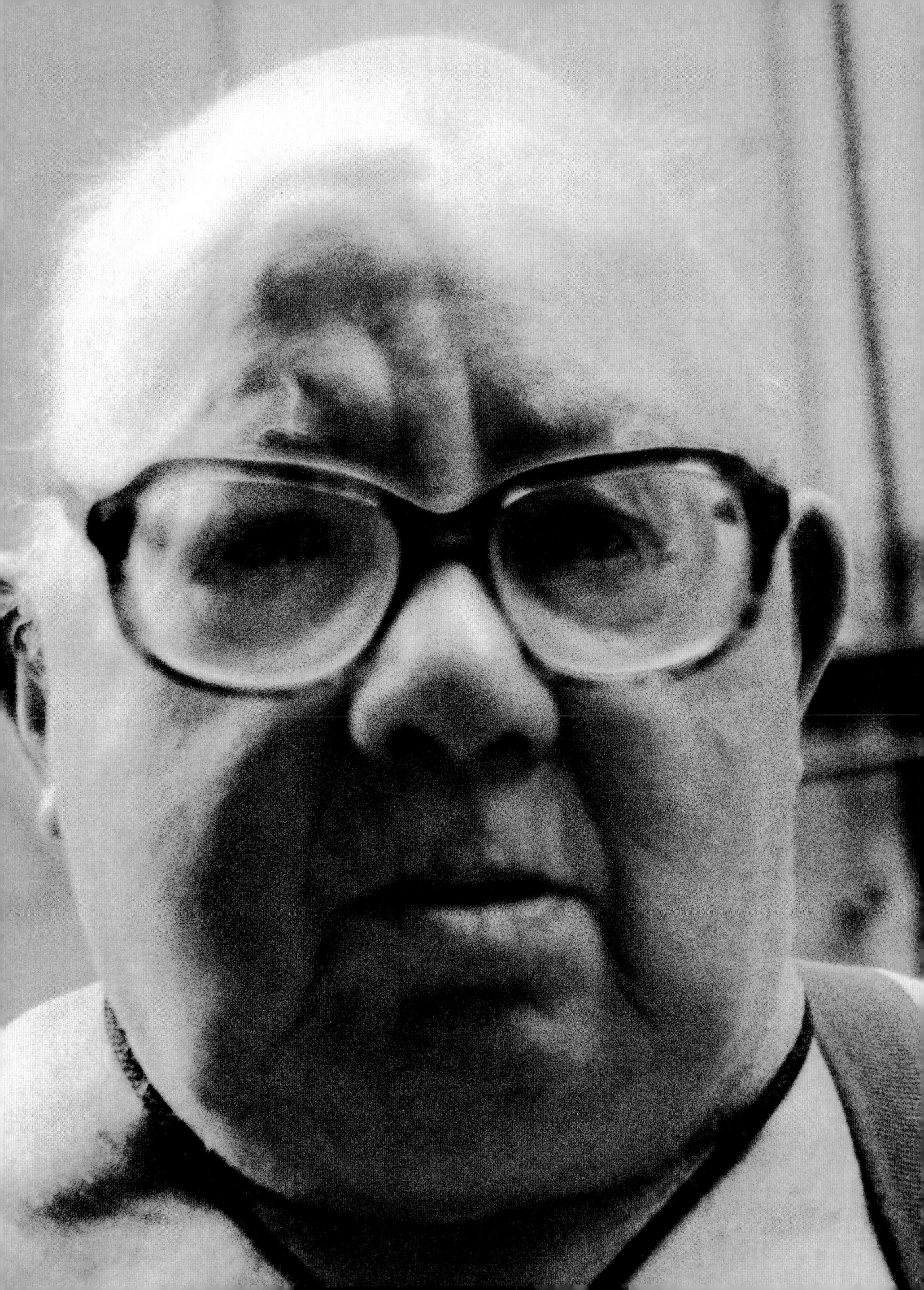

Fotografie. Das ging bis 1965; wir haben 50 Sendungen gemacht. Ich habe davon eine ungewöhnlich umfassende fotografische Erfahrung und Bildung behalten. Denn es gab damals eine ganze Anzahl Superstars, die mich freundlich aufnahmen und mich tagelang in die Geheimnisse ihrer Kunst einführten. Brassaï, Bill Brandt, Man Ray, Doisneau, Lartigue und andere. Das Erste, was sie mir beibrachten, war, dass ich als Fotograf eine völlige Null bin ... Zwar mache ich hübsche Bilder, aber in diesen „Werken" ist nichts Schöpferisches. Der Fotograf ist nämlich ein schöpferischer Gestalter, was man ganz allgemein verkennt. Wir kommen darauf zurück.

Ich schloss Freundschaft mit Großen, hauptsächlich mit dem Franzosen Edouard Boubat und dem Amerikaner Arthur Tress. Mit Boubat habe ich Kanada, Japan und Ägypten durchquert, mit Tress die USA. Ich war überall Zeuge eines faszinierenden Phänomens. Wohin immer sie kamen, sah ich vor ihnen Schritt für Schritt Ereignisse, Szenen, Gestalten auftauchen, die ihnen gehörten. Es war ihre eigene Welt, sie brauchten nur noch das Foto zu machen. Auch ich hatte eine Kamera. Ich konnte das Foto ebenfalls machen. Aber das war dann ein „Nach-Boubat" und ein „Nach-Tress", denn ein „Tournier" existiert in der Fotografie nicht.

Dennoch habe ich aus diesen Erfahrungen großen Nutzen gezogen. Ich lernte, wenn schon nicht das Fotografieren, dann das Sehen. Ich bin Auge geworden, und ich schreibe Romane nie, ohne die Orte und das Umfeld zu erforschen, wo sie angesiedelt sind. Zola, mein Lehrmeister, tat nichts anderes, wenn er in die Kohlenbergwerke einfuhr, um „Germinal" zu schreiben.

Ich fand auch heraus, dass man umso weniger sah, je mehr man gesehen wurde. Das Ideale wäre, völlig unsichtbar zu sein, gleich wie der Held des Romans „Der Unsichtbare" von H. G. Wells. Unbemerkt zu bleiben, möglichst das Aussehen eines x-Beliebigen zu haben. Unlängst habe ich zu meiner Genugtuung gelernt, der Durchschnittsfranzose sei 1,76 Meter groß. Das ist genau meine Größe, die Allerweltsgröße schlechthin. Bravo, Michel!

Mir scheint überdies, dass ich mit zunehmendem Alter Fortschritte mache. Je länger es geht, desto mehr stoße ich auf Geschehnisse, die mir bemerkenswert erscheinen. Jean Paulhan sagte: „Die Leute gewinnen durch das Bekanntwerden. Sie gewinnen an Geheimnisvollem." Ich glaube wirklich, dass das Banale, das Grau-in-Grau, das Mediokre nicht objektiv gegeben sind. Der Ursprung von alledem ist unser Blick. Wir sehen, was wir zu sehen verdienen. Schönheit ist nicht selten. Für den, der Augen hat zu sehen, taucht sie an jeder Straßenecke auf.

In unserer Vorort-Metro pflanzte sich neulich ein Bettelmusikant vor meiner Sitzbank auf und spielte auf seiner Geige. Hut, großer Bart, „Künstler"-Look. Vor mir waren zwei kleine afrikanische Mädelchen, wohl sechs und acht Jahre alt. Ihre Mutter saß neben mir. Die Musik begeisterte die beiden. Sie umarmten sich, und da!, obgleich sitzen bleibend, tanzten sie prustend und lachend miteinander auf ihrem Sitzplatz. Vergeblich suchte die Mama, sie zur Ruhe zu bringen. Der bärtige alte Musiker und die zwei kleinen afrikanischen Mädchen: ein bezauberndes Schauspiel – aber ich war, glaube ich, in diesem brechend voll besetzten Wagen wohl der Einzige, der es bemerkt hat.

So ist denn das Alter nicht völlig negativ. Ich kann zwar nicht mehr so gut gehen, aber ich schaue besser hin ...

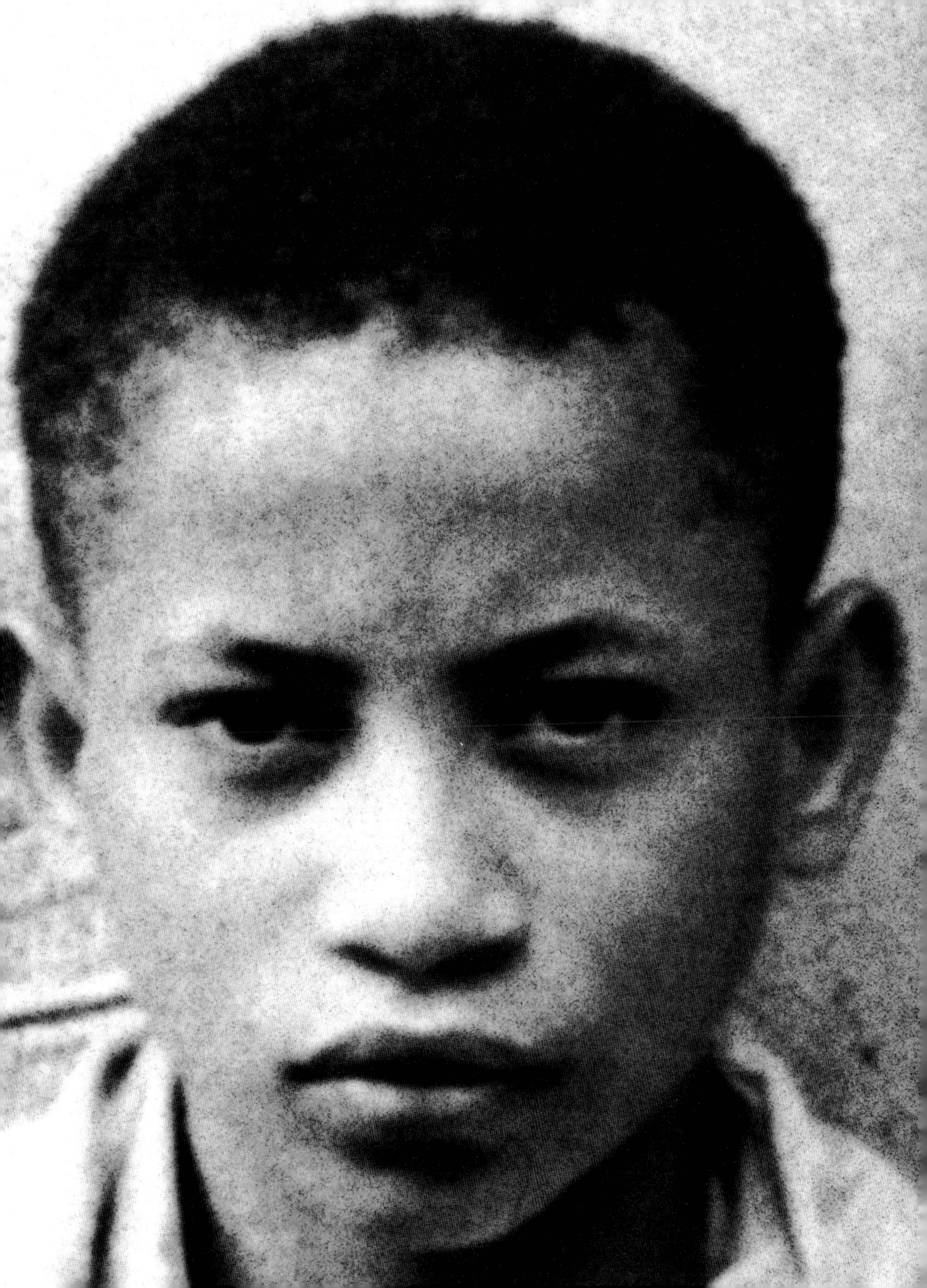

 # On the Edge

Fotografieren heißt Bedeutung verleihen. SUSAN SONTAG

Geschichten erzählen, das Geheimnis bleibt

Wie nahe das Auge der Kamera ihnen auch sein mag, die Menschen in den Fotografien von François-Marie Banier bewahren ein Geheimnis. Was zum Beispiel wissen wir über jene Frau, die an einem sonnigen Junitag des Jahres 1994 mitten in den Straßen von Paris ihren ganzen Eros in die Waagschale wirft? Zweifellos werden viele Betrachter, männliche wie weibliche, behaupten, sie habe ihre besten Jahre hinter sich; warum also einen Körper zur Schau stellen, der alles andere als makellos ist? Und dieselben Leute werden die Form der Entblößung frivol oder gar obszön nennen. Doch dieses Urteil verfehlt das, was den Fotografen fasziniert, bei weitem. Es lässt die

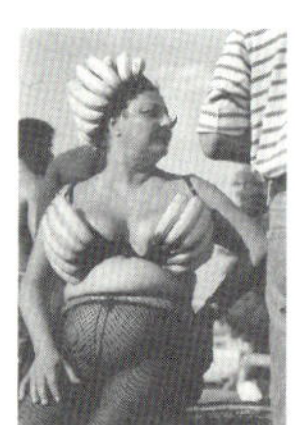

unabweisliche Würde der Person außer Acht. Wir finden diese Würde in dem gefassten, skeptischen Blick, der alle Höhen und Tiefen gelebten Lebens einbegreift. Die Haltung des Kopfes, ihre angewinkelten, leicht gespannten Arme, jede Rundung ihres Leibes, deuten auf einen Charakterzug, der da sagt: „Sieh mich an, ich stehe in der Fülle meines Lebens, und ich bin bereit, dies alles zu geben, wenn es darauf ankommt." Auch wenn die Kostümierung das Gegenteil andeutet: Diese Josephine Baker des Trottoirs ist keineswegs leicht zu haben. Es dürfte einige Überwindung kosten, sie anzusprechen, gerade weil sie sich solchermaßen entblößt. Banier zeigt uns jene Frau, deren Klassenzugehörigkeit nur zu ahnen ist, als eine moderne Heroine, und das ist ihr Geheimnis. All ihre Erfahrungen, die dazu geführt haben, dass wir ihr so begegnen, wie sie sich hier und jetzt darbietet, bleiben außen vor; darüber wissen wir nichts. Aber die Präsenz dieser Frau ist umgeben von einer Aura zahlloser Geschichten, die gleichermaßen in die Vergangenheit wie in die Zukunft reichen.

Eine andere Frau: Mit Helm, Sonnenbrille, schwerer Kleidung und Stiefeln gepanzert, steht sie im Begriff, ihren zierlichen Hund auszuführen. Die Verhüllung dieser Römerin bedeutet uns nicht weniger als die Enthüllung jener Pariserin. Auch hier begegnen wir der Wucht geballter Lebenserfahrung, aber es ist nicht die Fülle, die aus ihr spricht, sondern die Angst, verletzt und gedemütigt zu werden. Wir erinnern uns der zahllosen Frauen in den Kriegen, die ihre Körper aus berechtigter Furcht vor Vergewaltigung in Lumpen hüllen. Was aber bringt eine Frau mittleren Alters in der Metropole des Südens am helllichten Tag dazu, sich vor jeder möglichen menschlichen Nähe derart abzuschirmen? Wir werden es niemals erfahren.

Und was – um eine dritte Person anzuführen – bewegt jene in sich gekehrte Wanderin, die zufällig in der Nähe des Élysée-Palasts den Weg des Fotografen kreuzte? Banier ist ihr über Jahre hinweg wieder und wieder begegnet; irgendwann ist er ihr gefolgt und hat entdeckt, dass sie in einer notdürftigen Behausung im Park lebte. Eine Gestalt, von der er sagt, sie sei „eine Kirche in sich selbst, ein Monument". Wiederum bleibt uns ein Geheimnis, das wir nicht zu entschlüsseln vermögen: Es wird durch die Fotografie geradezu in die Welt befördert.

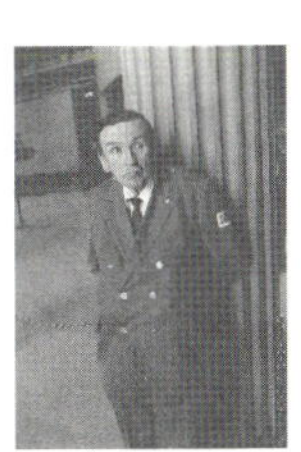

Mit jedem Geheimnis, das Baniers Arbeiten uns zu bedenken aufgeben, tut sich ein Abgrund möglicher Erzählungen auf, ein Wald voller Stimmen, die sich ohne Unterlass Gehör verschaffen möchten. Denn François-Marie Banier ist nicht nur Fotograf, er ist auch Novellist, und als Fotograf bleibt er immer auch ein Geschichtenerzähler. Offensichtlich sind es gerade die Metropolen, in denen er sich vorwiegend aufhält, die jenen Menschen Raum und Asyl gewähren, welche die ausgetretenen Pfade bürgerlichen Lebens verlassen haben, sei es freiwillig, sei es bedingt durch ein bestürzendes Ereignis, das jede Rückkehr unmöglich machte. Nicht dass Banier auf der Suche danach wäre; er findet die Randfiguren, die in diesem Buch verzeichnet sind, wie selbstverständlich, weil sein Blick auf den Anderen von tiefer Menschlichkeit und in eins von Respekt geleitet wird. Nirgends hielte auch nur der leiseste Vorwurf stand, der Fotograf würde die Position eines Voyeurs besetzen. Es ist wahr, Banier fragt seine Protagonisten nicht danach, ob sie tatsächlich fotografiert werden wollen; denn diese Frage würde den Charakter seiner Aufnahmen grundlegend verändern. Walker Evans etwa gelangen jene unnachahmlichen Subway Portraits (1938–41) nur, indem er mit versteckter Kamera arbeitete. Andererseits verbirgt Banier seine fotografische Tätigkeit nicht wirklich; er weiß um die Dankbarkeit, welche ihm die Leute entgegenbringen, wenn sie denn ihres Gegenübers gewahr werden: die Dankbarkeit, ausgewählt zu werden.

Der Wachmann am Eingang des Metropolitan Museums: Welcher Premierenbesucher würde ihm je solche Aufmerksamkeit schenken? Der Obdachlose, der sein fahrbares Kistenhaus auf der Rue Saint-Martin geparkt hat: Er erwidert das Augenmerk des Fotografen mit einem selbstsicheren

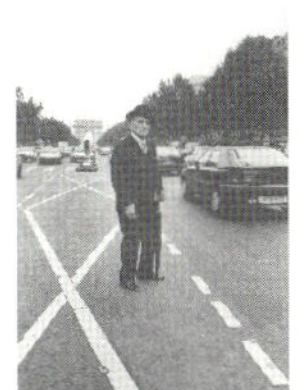

Lächeln, wie wenn er einen alten Freund träfe. Und jener schmächtige Mann in seinem zu groß geratenen Anzug, dem Banier 1994 in Venedig auf dem Weg zu Marlon Brando begegnete: Gibt er nicht, in einem erschütternden Moment des Vertrauens, all seine Verlorenheit seinem Gegenüber preis? Bewusst oder unbewusst scheinen viele der Menschen, die Banier ins Auge fasst, den unwiederbringlichen Moment zu spüren, der ihre Anwesenheit in der Welt ein für alle Mal dokumentiert.

Modalitäten der Annäherung

Auch wenn Baniers Fotografien eine gewisse Homogenität ausstrahlen, was die Art und Weise ihrer Darstellungsformen betrifft, so ergibt sich doch näher besehen ein ganzes Spektrum an Modalitäten. Betrachten wir den alten Herrn, der mit Anzug und Weste, Hut und Regenschirm ausstaffiert mitten im Autogewühl der Avenue des Champs-Élysées innehält. Indem der Verkehrsfluss das Überqueren der Straße beschwerlich macht, gerät sein momentanes Innehalten zu einem quälend langen, endlos zerdehnten Zeitraum. Unter seinen Füßen scheint die Zeit zu gerinnen. Vor fünfzig Jahren, so weiß Banier, gehörte der Habitus dieses Mannes essenziell zu dem, was das bürgerliche Paris ausmachte. Denn mit dem Habitus gingen bestimmte

Ordnungskriterien einher, ein ganzer Kanon von Regularien, welche die Gesellschaftsordnung determinierten. August Sander hat in seinen Fotografien den Prototyp eines solchen Habitus vor-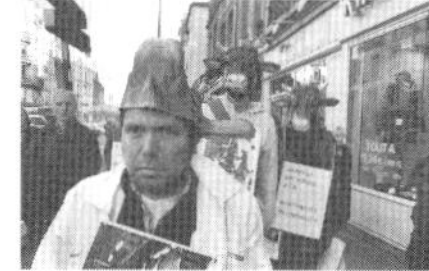formuliert. Im Paris des Jahres 1992 wirkt dieser Habitus beinahe tragisch: als ein obsoletes Bemühen, die althergebrachte bürgerliche Ordnung über die Zeit zu retten. Andererseits – auch das zeigt uns die Fotografie – scheint den Mann nichts aus der Fassung bringen zu können, das Getriebe des Boulevards berührt ihn nicht wirklich. So wirkt seine Anwesenheit sowohl bemitleidenswert als auch komisch.

Wenn Banier die Teilnehmer einer Demonstration gegen die Verarbeitung von Tieren zu Fleischerware in Augenschein nimmt, so entdeckt er unter der Kuhmaske unversehens einen dämonischen Charakterzug und eine latente Gewaltbereitschaft. Hier vertauscht er jenen Blick, der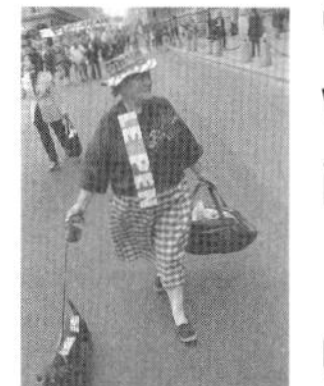 die Menschen liebt, mit einem Blick, der wie ein Seziermesser fungiert. Und das gilt nicht weniger im Hinblick auf jene fanatische Anhängerin von Le Pen, die sich nicht scheut, selbst ihren Dackel als Propagandainstrument zu missbrauchen.

Andererseits genießt er den Auftritt jenes mit Ketten bewehrten Schwulen, der seine Obsession bei der Gay-Parade mit größter Selbstbewusstheit zur Schau trägt, ebenso wie die Skurrilität jenes zutraulichen Pensionärs in der Kleinstadt Sommières. Er bringt der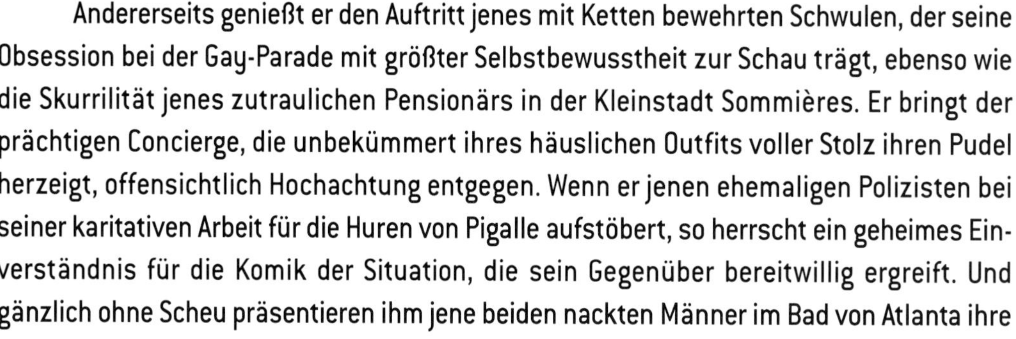 prächtigen Concierge, die unbekümmert ihres häuslichen Outfits voller Stolz ihren Pudel herzeigt, offensichtlich Hochachtung entgegen. Wenn er jenen ehemaligen Polizisten bei seiner karitativen Arbeit für die Huren von Pigalle aufstöbert, so herrscht ein geheimes Ein-verständnis für die Komik der Situation, die sein Gegenüber bereitwillig ergreift. Und gänzlich ohne Scheu präsentieren ihm jene beiden nackten Männer im Bad von Atlanta ihre reifen Leiber. Vielleicht werden sie, wenn der Fotograf das Terrain verlassen hat, Sex miteinander haben, wer weiß?

So sehr auch die unterschiedlichen Charaktere in ihren eigenen, vielschichtigen und oft widersprüchlichen sozialen Milieus verhaftet sind: Baniers Kamera findet immer einen Weg, sich ihnen zu nähern, ihre Einzigartigkeit unter Tausenden herauszukristallisieren. Scharfsichtigkeit, das Vermögen, im Banalen das Komische zu entdecken, und die Achtung vor der Menschenwürde gehen dabei Hand in Hand. Wohlgemerkt ist das Œuvre, das die Randfiguren in diesem Buch beschreibt, nur ein bescheidener, wenn auch äußerst sprechender Teil eines weitaus umfang-reicheren Œuvres, welches alle möglichen Zeitgenossen, von Samuel Beckett über Wladimir Horowitz und Silvana Mangano bis zu Johnny Depp, einschließt. Indes, die Porträts all jener Namenlosen belegen umso deutlicher Baniers fortdauerndes Interesse an der Vielfalt der Men-schenwelt.

Diane Arbus hat einmal geäußert: „Man sieht jemanden auf der Straße, und was einem wirk-lich an ihm auffällt, ist der Defekt." Man wird nicht behaupten können, Banier sei unempfänglich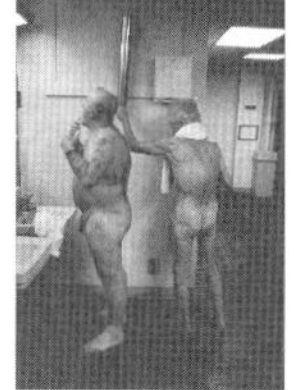 für solche Defekte. Aber diese Art des Sehens wird bei ihm absorbiert von einer weitreichen-deren, unbändigen Lust, im Banalen und Absonderlichen den Menschen zu entdecken: die ganze Spannbreite menschlicher Regungen und Empfindungen, all jene unausgesproche-nen Geschichten, die sich in den Falten eines Gesichts, in den Gebärden, im Körper und seinem Habitus, verfangen haben.

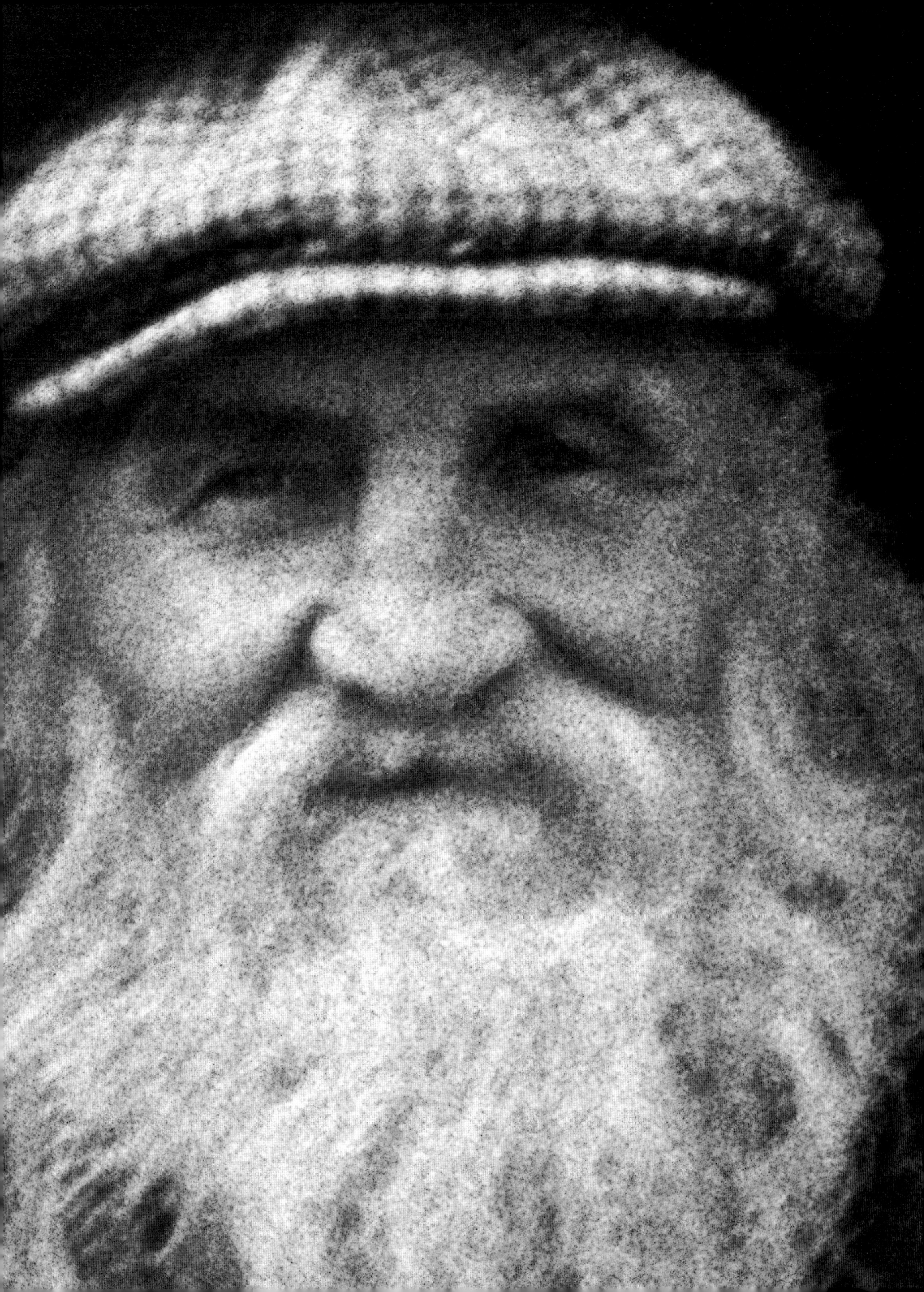

Die prekäre Balance

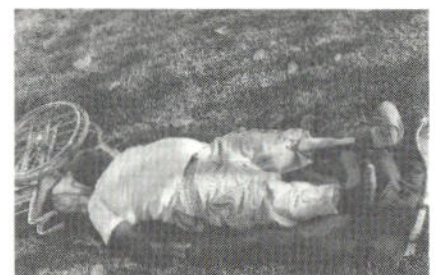

Eine Reihe von Fotografien könnte man womöglich mit dem Titel belegen: Szenen aus dem beschädigten Leben. Wir sehen den beinamputierten ehemaligen Soldaten irgendwo auf einer Grünfläche in Miami ruhen. Wir sehen das winzige Kind in einem abgelegenen Viertel von Salvador (Brasilien), allein gelassen vor der riesigen Haustür. Wir sehen die Ordensschwester im Londoner Seniorenheim und stellen uns vor, wie sie einmal im Mittelpunkt einer aufreibenden Arbeit stand, die vor allem eines zum Ziel hatte, nämlich anderen zu dienen. Nichts als die Einsamkeit des Alters ist davon geblieben. Es geht um Menschen, die nicht sonderlich viel vom Leben zu erwarten haben, die allesamt auf ihre eigene Weise gezeichnet sind von einer Unbill, die sie unweigerlich getroffen hat. Dennoch: Bei Banier treten gerade diese Menschen wie Leuchttürme aus der Menge hervor; die Fotografien sagen uns unentwegt: „Auch dieser und diese, und jener und jene zählen, und sie zählen nicht weniger als irgendeiner von uns."

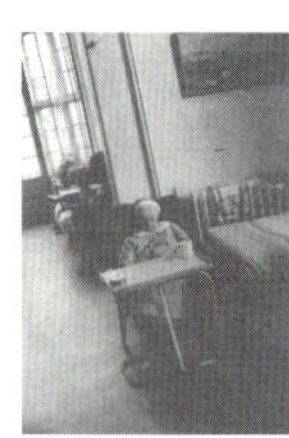

Wir sehen den Rücken jenes Mannes, der sich den Satz „Ich hasse Sie ..." auf die Haut tätowieren ließ, und wir sehen jene andere Tätowierung, wo zerborstene Maschinenpistolen zu einem neuen Zeichen zusammengesetzt sind, dem fünfzackigen Stern, Symbol der Freiheit: zwei Antworten auf jene Unbill, Emanationen des trotzigen Willens, sein eigenes Schicksal zu beherrschen, wie immer ungnädig es auch mit dem Einzelnen umgegangen ist. Gerade in solchen Fotografien, die das Leben von seinen Rändern her in den Fokus rücken, scheint die Thematik auf, die François-Marie Banier seit jeher beschäftigt: die Frage nach der Conditio humana. Und diese permanente Fragestellung stellt ihn und seine Arbeit in eine Reihe mit den großen Fotografen, die sich damit auseinander gesetzt haben, unter ihnen August

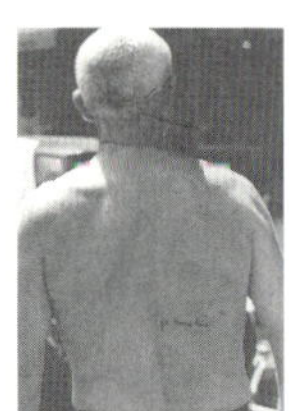

Sander, André Kertész, Henri Cartier-Bresson, Robert Frank, um nur einige zu nennen. Die Frage nach den Bedingungen des Menschseins vermag nur derjenige zu stellen, der in die Lage versetzt ist, über ausreichende Erfahrung zu verfügen. Das ist bei Banier der Fall; ohne sie würden seine Fotoarbeiten kaum jenes Bewusstsein von der fragilen Verfassung des Menschen entfalten, das aus jedem einzelnen Werk herausblitzt.

„Wenn ich fotografiere", so sagt Banier, „ist das so ähnlich, wie wenn ich schreibe. Wir schreiben, weil wir eine Wunde in uns tragen. Wir schlagen uns mit dieser Wunde herum, vielleicht seit wir fünf oder zwölf Jahre alt sind. Und alles, was beim Schreiben herauskommt, wenn man dreißig Jahre oder älter ist, wird letztlich gespeist von jenem Schmerz. So sind alle meine Fotografien angefüllt von Eindrücken und Erlebnissen, die ich viel früher schon hatte, oder von Leuten, die ich bereits vor vielen Jahren kennen gelernt habe." Diese Äußerung gibt uns einen Fingerzeig auf das, was den Fotografen fasziniert, erklärt, wieso es ihm über Jahrzehnte hinweg gelingt, seine Objekte an jedem Ort der Welt aus Tausenden herauszufiltern.

Betrachten wir zuletzt jene Frau, die Banier 1988 in Kalkutta entdeckte. Sie gehört keineswegs zu den Ausgestoßenen, die es an den Rand der Gesellschaft verschlagen hat. Ihr üppiger Schmuck, ihr geblümtes Kleid, das mit den Stoffen des Zimmers zusammenspielt, ihr gepflegter Teint: Alles deutet auf eine Lebenssituation, in der es materiell gesehen an nichts zu fehlen scheint. Fraglos muss diese Frau in jungen Jahren eine Schönheit gewesen sein, eine Diva, eine Verführerin. Um es hart auszudrücken: Diese Jahre sind endgültig vorbei. Doch die Schminke, die sorgsam um die Augen gelegt wurde und die Augenbrauen ziert, bedeutet uns etwas anderes: ein verzweifeltes Aufbäumen gegen die Macht des körperlichen Verfalls. Inmitten der Schminke diese unendlich traurigen, ja trauernden Augen, in denen die Tragödie des Alterns unverhohlen nach außen dringt. Solchermaßen ist der Blick ein wissender Blick, der gefasst in die verbleibende Zukunft schaut, und mit ihm korrespondiert die angespannte Haltung der Hände, welche die Handtasche ein wenig fester als nötig umgreifen. Ein winziges Detail an dieser Fotografie, das eher zufällig in Erscheinung tritt, fungiert wie das Lemma in einem emblematischen Kontext. „Age" steht dort auf dem Gurt der Handtasche geschrieben, tatsächlich nur das Bruchstück eines Markennamens, aber für den Betrachter ist es eben dieser Wortfetzen, auf den die ganze Bedeutung der Fotografie hinausläuft.

On the Edge: Das heißt nicht nur, am Rande der Gesellschaft zu leben, jenseits von geregeltem Einkommen, jenseits vom Rückhalt einer Familie oder eines geliebten Menschen. Es kann auch heißen, dass das Leben der Anderen unversehens ein wenig schneller vor sich geht als das eigene. Dafür steht diese Frau, dafür steht jener alte Herr auf der Avenue des Champs-Élysées. Jeder Mann und jede Frau, ja jedes Kind kann dergestalt an den Rand geraten, an dem sich etwas zu einem persönlichen Stigma zuspitzt, an jedem Ort der Welt. Bisweilen, so erfahren wir aus Baniers Arbeiten, ist es nur ein kleiner Tick, eine Marotte, die den Außenseiter gebiert, bisweilen ein körperliches Gebrechen, das Alter an sich, ein Schicksalsschlag oder einfach nur widrige soziale Umstände. Aber die Fotografien vermitteln uns auch die komplementäre Erfahrung, nämlich jene Auflehnung gegen alle höhere Gewalt, die notwendig zum Menschsein gehört. Bei Banier haben fast alle Protagonisten diese Kraft in sich, und sei es auch nur in Form eines stillen Eingeständnisses, dass das Leben weitergeht und dass man mit ihm weitergehen muss – komme was wolle. Was die Unverwechselbarkeit dieser Fotografien ausmacht, ist jene prekäre Balance zwischen Stigma und Auflehnung, die in ihnen zum Tragen kommt.

Als für Paul Gauguin das Leben im paradiesischen Tahiti schließlich zur Hölle geworden war, nahm er im Jahr 1897 noch einmal all seine Kräfte zusammen, um jenes Vermächtnisbild zu malen, das die Menschheit als solche thematisiert. Es trägt den Titel: *Woher kommen wir? Was sind wir? Wohin gehen wir?* Jeder Person, die Banier ins Auge fasst und die er quasi im Vorübergehen mit seiner Kamera festhält, stehen diese Fragen auf der Stirn geschrieben. Das macht die Fotografien für uns, die wir noch einmal davongekommen sind, so bedeutsam.

 # FRANÇOIS-MARIE BANIER

and Photographic Creativity

No art reveals its meaning as immediately as photography. Literary works need hours of reading-time, musical works have to be executed and listened to, even painting calls for contemplation and meditation. However, a photographer's work unveils itself straight away with extraordinary and sometimes fearsome brutality. It says everything to us all at once. It shows us men, women and children whom we recognise as belonging to our familiar universe, but strangely, paradoxically we have the impression at the same time that we are seeing them for the first time. This is true also of landscapes which are obviously our own, but where we feel ourselves terribly disoriented.

What does François-Marie Banier's work say to us? The first thing to strike us is Banier's force. He shows us poor people, old people, sick people, eccentric people, even mad people. These figures, however, are never pitiable. They do not seek to hit us below the belt. They are full of intense vitality, self-assurance and a zest for life which warms the heart. François-Marie Banier likes to photograph twins, and the reason is clear: the doubling of a single being gives greater force to the image – one might say that the image itself is 'squared'. The twin is an ordinary person inhabited by the monstrosity of being two people. Approaching like all professional photographers 'the rich and famous', Banier repeatedly faces us with a key question: what difference is there between the face of a 'famous' man or woman and that of an unknown? His response is clear: there is no difference. Thanks to him, we pass by in the street Rostropovich, Horowitz, Marie Laure de Noailles, Ray Charles, Mick Jagger, Joselito, Silvana Mangano, etc. One of his secrets is undoubtedly that his characters are never isolated from their surrounding, as is usually the case in ordinary portraits and especially in official portraits. The Armenian photographer Youssuf Karsh made a speciality of photographing the great men of his time (Popes, Heads of State, Nobel Prize winners), whom he surrounded with a sense of tragic isolation and whom he entombed in a museum-like eternity. François-Marie Banier, however, creates a sense of intimate solidarity between his subjects and their surroundings. One of the highpoints of his work is his photograph of Samuel Beckett walking on a beach, where in the distance and just above his head there is a child kicking a football who seems to be exactly replicating Beckett's way of walking.

And then there is Brazil, to which François-Marie Banier has devoted an impressive book. This Brazil is a country of flesh and of sunlight, of luminous faces lit by joie de vivre, and of supple, sensual bodies which invite us to physical contact. The different races which make up its population – and which in the United States are in conflict – fuse in Brazil into one single type whose main characteristic is a love of life in common. 'Blacks, whites, masks: who or what is

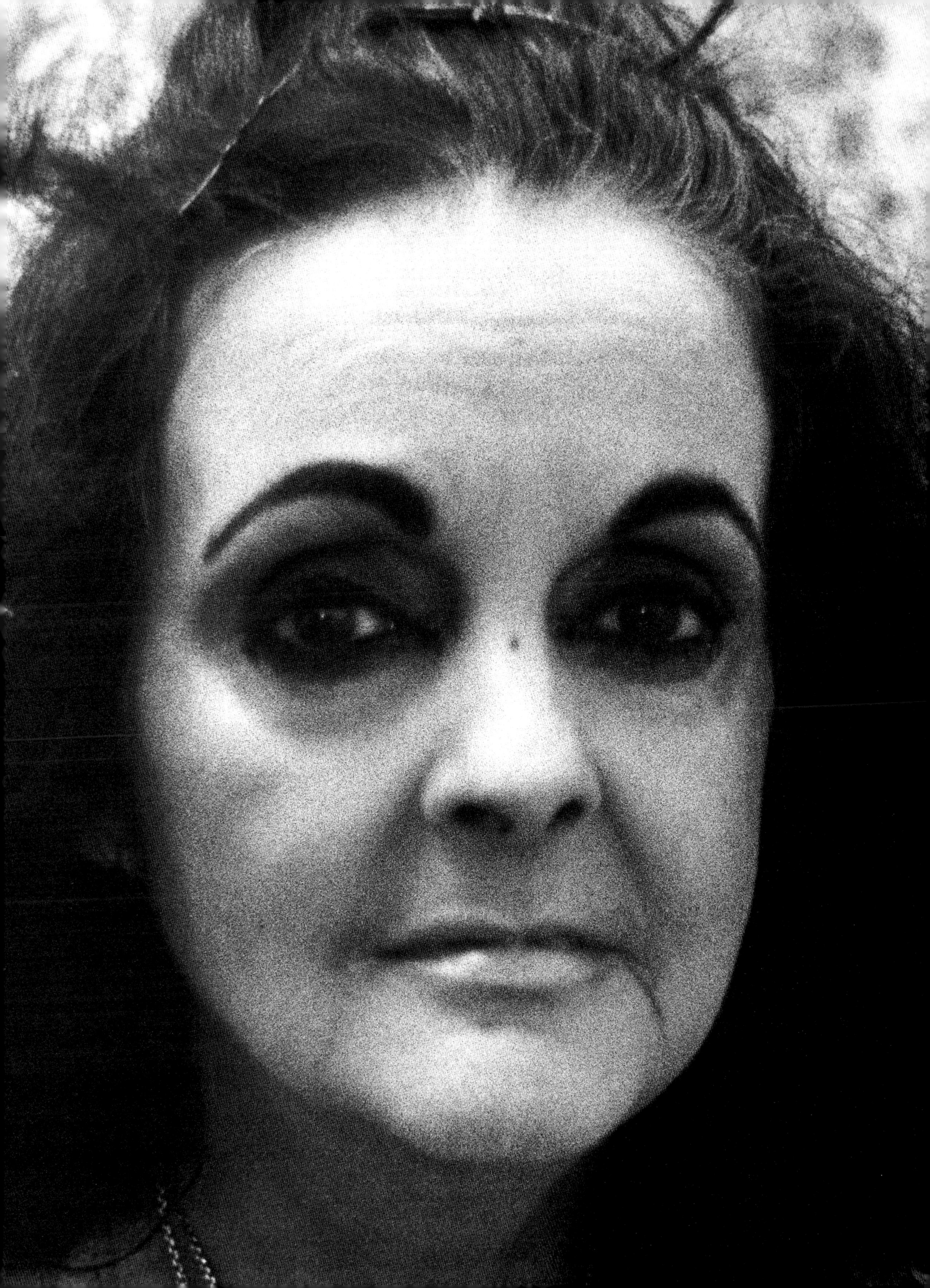

shadow, who or what is light?' asks Banier. 'In this kingdom of music and dance that is Brazil, even shapes have the ability to love and to be loved.' Poverty is greater here than in India, for example, but it is experienced differently. Indians may have wonderful faces, but there are no bodies beneath their tunics. Their spirituality shines out, but in a strangely bloodless way. In Calcutta, poverty assails and traumatises the visitor, who can never manage to shake off the ever-present beggars. On the other hand, the Brazilians always seem eager to give and seduce. They are beautiful, well-dressed, smiling and welcoming. And always in the background there is the carnival of Rio de Janeiro for which they save up throughout the year. It is a fact that the richer a country is, the more miserable are its pageants, while the poorer a country is, the more splendid are its festivities. Samba, carioca fever, rumba, the fantastic tumble of extravagant costumes and sumptuous naked flesh: all of this is splendidly flaunted in just one special night.

The Photographic Upheaval

For centuries, it was accepted that the ideal of the figurative arts (drawing, painting and sculpture) was to imitate reality. Pascal was undoubtedly one of the first people to question this idea in a typically provocative assertion: 'How useless is painting, which attracts admiration by the resemblance of things, the originals of which we do not admire!' He was right! If painting is nothing more than the imitation of the real, it is worth nothing. If it is really worth something – and who could possibly question that? – this is because it is not in fact the imitation of the real. This simple truth exploded like a bomb on the day when the invention of photography was revealed.

It is generally accepted that the first photograph in history was made by Nicéphore Niepce from the window of his house in Chalon-sur-Saône in 1826. However, it took another 20 years for the photographic revolution to shake up all parts of the art world. The celebrated 'war painter' Horace Vernet famously declared, on coming back from the Institute where the discovery of photography had been announced, that 'painting is dead'. This was true, it must be said, of his own type of painting; the first photographs taken on battlefronts come from the American War of Independence in the 1860s. The same was true also of the portrait. Félix Tournachon (1820–1910), known as Nadar, was a professional portraitist, who insisted that his clients spent many long hours posing for him. However, the advent of photography enabled him to do without these sittings: he photographed his subjects and then worked from the photographs. A little later, another idea came to him: why bother sketching these portraits when they already existed in photographic form? A draughtsman died and a photographer was born. Nadar created marvellous photographic portraits of all the great men of his time, the most celebrated of which is his portrait of Baudelaire.

This was an astonishing victory, for this same Baudelaire wrote about the creation of photography: "In matters of painting and sculpture, the present day Credo of the sophisticated, above all in France, is this: 'I believe in Nature, and I believe only in Nature. I believe that Art is, and cannot be other than, the exact reproduction of Nature.' A vengeful God has given ear to the prayers of the multitude. Daguerre was his Messiah. And now the faithful says to himself: 'Since Photography gives us every guarantee of exactitude that we could desire, then Photography and Art are the same thing.' From that moment our squalid society rushed, Narcissus to a man, to gaze at its trivial image on a scrap of metal."

In point of fact, the marriage between painting and photography turned out to be a close and fruitful one, even although there were inevitably stormy rows and conflicts. Out of this union came a profound revolution in painting and led to Impressionism, Cubism and Surrealism. Indeed, it was Nadar himself who in 1874 held in his studio the first exhibition of the 'outdoor painters' who were later to be given the ironic name of 'Impressionists'. And what was the 1970s hyper-realism of Richard Estes, Malcolm Morley, Chuck Close and Richard McLean and many others, if not an attempt by painting to defeat photography on its own territory, i.e. the meticulous reproduction of reality?

I would add that photography revolutionised not only painting, but also the very way in which we look at things. Accustomed to looking at photographs from our earliest childhood, we no longer see things in the same way. I will give just one singular and telling example. The horse is the animal most familiar to mankind; this has been the case since ancient times. Now, all drawn, painted or sculpted representations of a moving horse are absolutely aberrant with regard to the positioning of its legs. "No, whether it is walking, trotting or galloping, a horse never ever has its four legs in that position", might we say to all of these artists. The case of Théodore Géricault is particularly shocking, because he painted many horses and was himself an outstanding horseman (he died in a fall from a horse). However, all of his paintings of horses are aberrant, even his famous Derby at Epsom of 1821. The year in question is interesting, because at that time photography did not yet exist. On the other hand, one can say that from 1850 onwards, sketchers and painters felt obliged to place the legs of horses in positions which respect reality. Clearly, it is photography which made them do this.

The Creative Gaze

Is photography creative or is it only the mechanical reproduction of an image? After all, everything is presented to the photographer and all he has to do is to fix it on paper with his camera ...

When one spends time in the company of the 'greats' of photography, one realises just how wrong this naive position is. One comes to understand a simple, brutal fact: they see things that no one else can see. The images they create are therefore their own creation. At this point, it therefore seems appropriate for me to do a bit of philosophy ...

The problem of knowledge is the problem of the relationship between two terms, the knowing subject and the known object: on one hand, the chemist and on the other, the chemical; on one hand, the astronomer, on the other, the star, etc. When faced with this opposition, there are two possible responses: either that the subject is dominant (which in philosophical terms is idealism), or the object is predominant (which gives us realism). The idealist considers the object as amorphous matter to which he must give structure and meaning. That is the whole point of laboratories. The realist thinks that everything is in the object and that the subject must learn everything by exploring it, recognising that he himself is nothing more than a mass of ignorance, illusions and prejudice. One can plausibly argue that all philosophy is essentially idealistic and is defined by the first sentence of Arthur Schopenhauer's main work, Die Welt als Wille und Vorstellung (The World as Will and Representation): "The world is my representation." The discovery of the universal law of gravitation is said to have come to Newton when he saw an apple fall.

The first interpretation of this story is naively realistic: the fall of the apple contained 'the universal law of gravitation', and all Newton had to do was to see it. But it is patently obvious that this interpretation does not stand up when one thinks about it. Where was the universal law of gravitation? In the falling apple or in Newton's mind? The falling of the apple was evidently just an event, an image that set off in Newton's mind a thought-process that was to last some considerable time. Before him, thousands and thousands of men had seen thousands and thousands of apples fall without ever thinking about any law of physics. Everything was in Newton's gaze and the way that he saw the apple fall – and this question of the gaze brings us very naturally back to photography.

In order to elucidate the mystery of photographic creativity, I shall resort to one final image. Let us imagine a man walking slowly across an immense desert of pebbles. As he goes forward, he is surrounded by millions and millions of pebbles. Occasionally, he bends down to pick up pebble. He examines it and throws it down. Just occasionally, however, he keeps a pebble and puts it in a bag. His house is one vast museum of pebbles, all of which come from the desert. However, the visitor swiftly notices that their shapes are all unusual, strange, sometimes beautiful, more often disquieting. And what is most striking is the feeling of kinship that unites these hundreds of inanimate objects. Yes, quite simply, they are marked by a certain style, the style of the pebble-picker. It is a question here of true creation. It is the gaze of the picker which endows each chosen pebble with full existence. Before being chosen, a pebble has no more than a potential existence, lost as it is amidst the multitude of all the other pebbles.

This kind of creation is like that of the photographer, in that the facial expressions, the movements, the gestures and the dances of the people he meets have no more real existence than the pebbles in the desert. It is the taking of the photograph that gives them their true existence.

A Biographical Note

I was initiated to photography by my maternal grandfather. He was the village chemist of Bligny-sur-Ouche near Beaunes in Burgundy (700 inhabitants). At that time, the taking of a photograph and the developing and the printing of it were chemical operations, and so a pharmacist seemed particularly well qualified to undertake them. With my grandfather, I photographed on glass plates christenings, marriages, young men in uniforms doing their military service. When I was still very young, I was given a Kodak camera which was my constant companion whenever I took trips or went on holiday.

Everything changed for me in 1960 with the creation of the second French television channel, for which I produced a monthly programme on photography called Chambre Noire (Dark Room). This lasted until 1965, during which time we made 50 programmes. In that period, I learned an enormous amount about photography – because I met with many of the giants of photography, who would spend days initiating me into the secrets of their art. Amongst them were Brassaï, Bill Brandt, Man Ray, Doisneau, Lartigue, etc. The first thing that they taught me was that I myself was absolutely hopeless as a

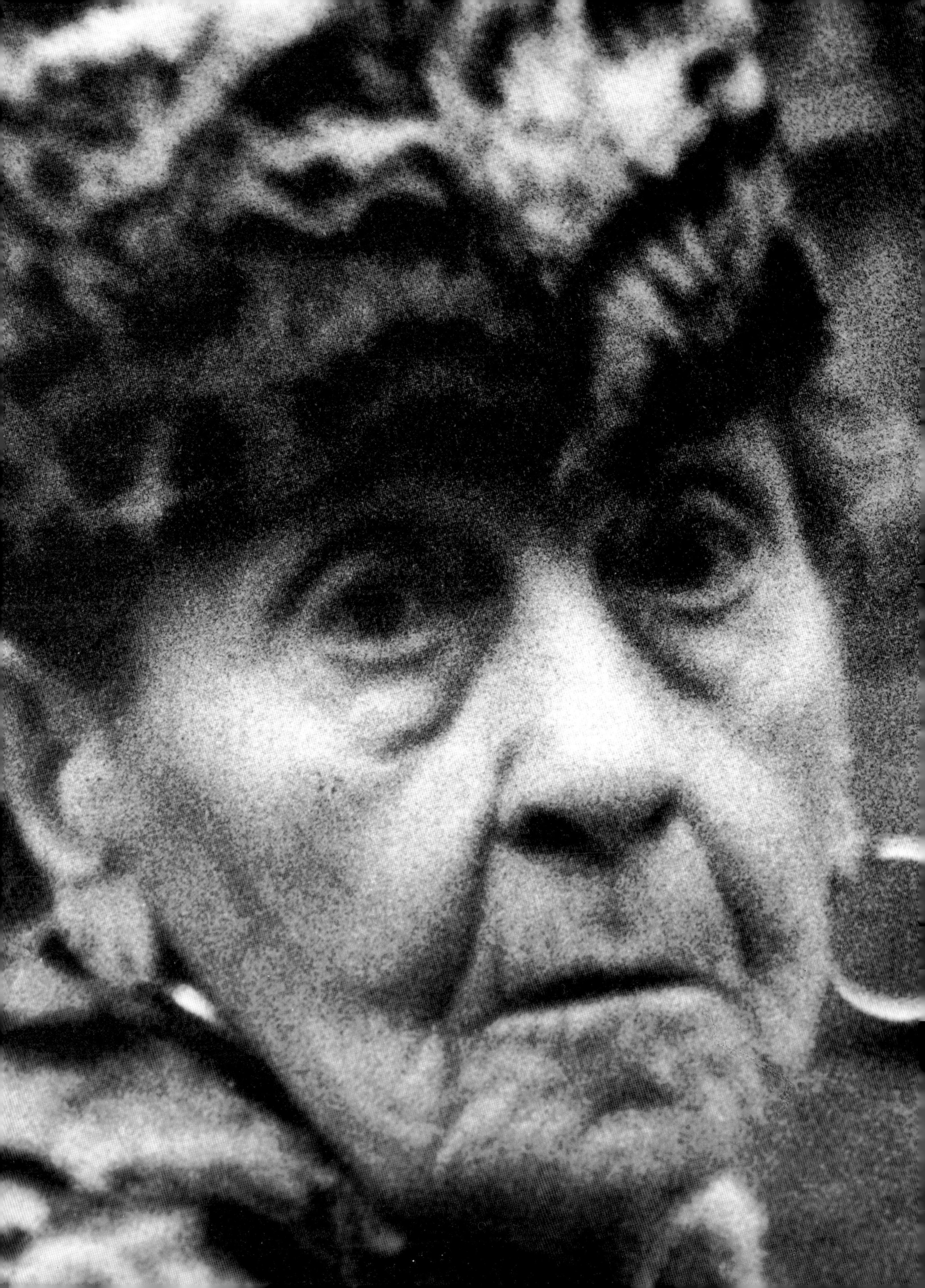

photographer ... Oh yes, I knew how to make pretty pictures, but there was no true creativity in these 'works', whereas the true photographer is a creator, even although this fact is not widely recognised. I shall come back to this.

I became friends with great photographers, especially the Frenchman Edouard Boubat and the American Arthur Tress. With Boubat, I travelled widely in Canada, Japan and Egypt, and with Tress in the USA. Everywhere that we went, I witnessed a fascinating phenomenon: wherever they went, I would see spectacles, scenes and characters which clearly belonged to them suddenly appear as if by magic. This was their world and all they had to do was to take a photograph of it. I too had a camera. I too could 'take a photo'. But every time all I produced was either sub-Boubat or sub-Tress, because as far as photography is concerned, there is no such thing as a 'Tournier'.

Nonetheless, I did gain a great deal from these experiences. I may not have learned to be a photographer, but I did learn to see. I became a gaze, and none of my novels were written without me exploring the places and environments where they are situated. My mentor Zola did exactly the same thing when he went down into the coal mines in order to write Germinal.

I discovered also that the more that one is seen, the less that one sees. Ideally, one should be completely invisible, like the hero of the H G Wells novel, The Invisible Man. To be able to go everywhere without being noticed, to look as ordinary as possible. I recently discovered to my delight that the average French man is 1.76 m tall and that is exactly my height, it is the ordinary height par excellence. Well done, Michel!

Furthermore, it seems to me that I am making progress as I get older. With age, I see things that seem extraordinary to me. Jean Paulhan once said: 'People improve on acquaintance. Because they become more mysterious.' I am convinced that the ordinary, the dull everyday and the mediocre do not exist in any objective way. It is our gaze that allows them to exist. We see what we deserve to see. Beauty is not rare. For anyone who has the eyes to see, it is to be found at every street corner.

I was travelling home recently in my suburban train when a musician-beggar came and stood in front of my seat to play his violin. He wore a hat and had a large beard – very much the 'artist' figure. Sitting opposite me were two small African girls of six and eight years. Their mother was sitting beside me. They were captivated by the music. They hugged each other and, still seated, began to dance together on the seat, laughing joyously. Their mother tried in vain to calm them down. The old, bearded artist and the two little African girls made an absolutely enchanting picture, but I suspect that I was the only person in the jam-packed carriage who noticed it.

This proves that ageing is not totally negative. I may now walk less well, but I see much, much better ...

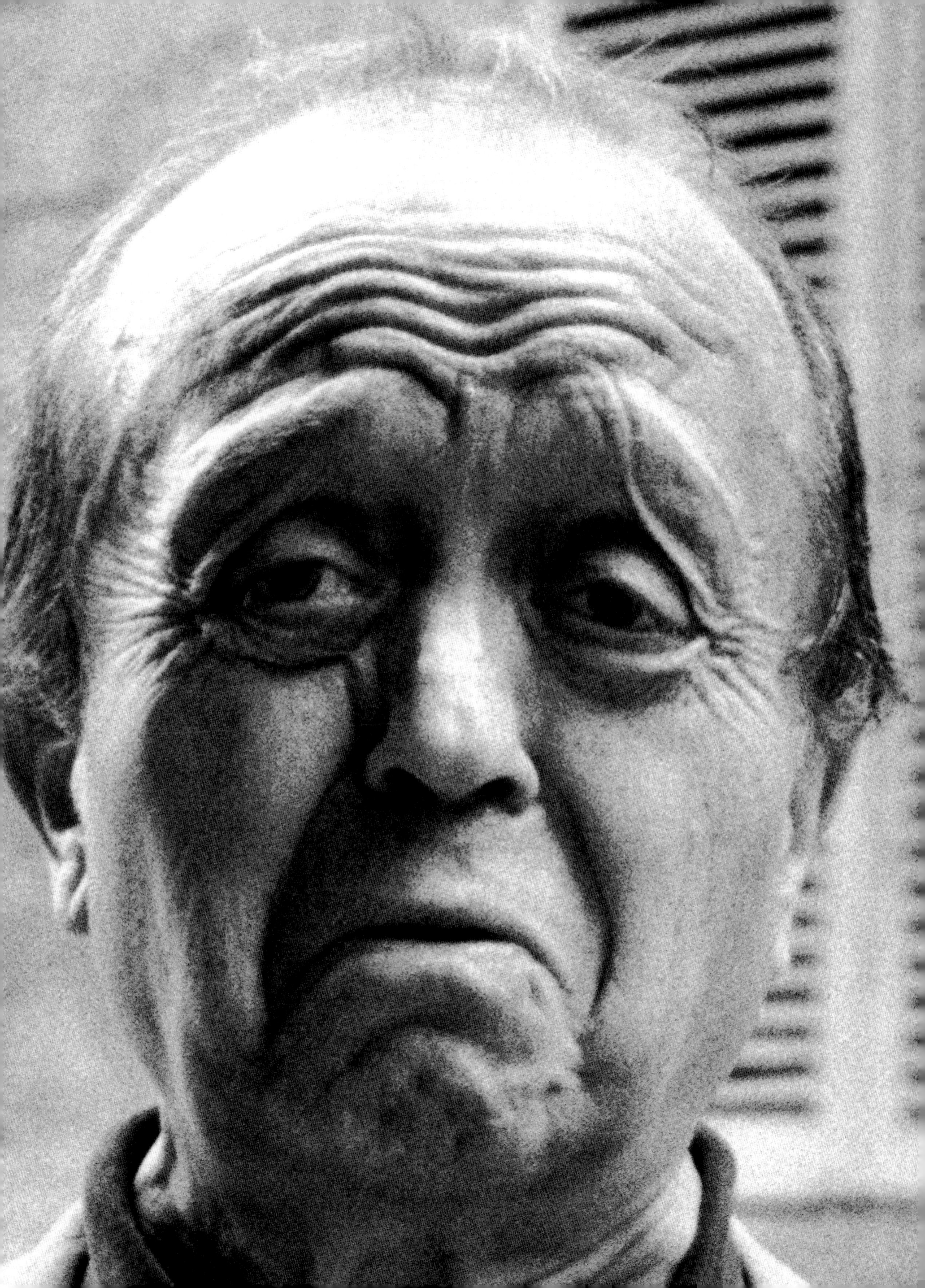

M A R T I N   H E N T S C H E L : # On the Edge

To photograph is to confer importance. SUSAN SONTAG

Narrating stories while the mystery remains

No matter how close the eye of the camera comes up to the people in François-Marie Banier's photographs, they retain their mystery. What for instance do we know about that woman (37) who brought the whole of her eroticism to play in the middle of the streets one sunny June day in Paris in 1994? Doubtless many viewers, both male and female, would say she is past her prime: why display a body that is anything but immaculate? And the same people would call the way she bares herself frivolous or perhaps even obscene. But such a judgement would sorely miss the point as to what exactly it is that fascinates the photographer. And it overlooks the woman's indisputable dignity. This dignity is to be found in her composed, sceptic gaze, which contains all the highs and lows of a life truly lived. The bearing of her head, her bent, slightly tensed arm, every curve of her body, reveal an inner stance that is saying: "Look at me, I am here in the fullness of my life and I am ready to give it all if required." Even if her costume points to the contrary, this Josephine Baker of the streets is certainly no easy customer. It would take some willpower to address her, precisely because she has laid herself bare in this manner. Banier shows this woman, whose class background can only be surmised, as a modern heroine, and that is her mystery. All of her experiences, which have led to our encountering her as she presents herself now, remain outside the picture; we know nothing about them. But the woman's presence is surrounded by an aura of countless stories that extend back into the past but also into the present.

Another woman: armed with helmet, sunglasses, heavy-duty garments and boots, is about to take her dainty dog for a walk. The way this Roman woman masks herself is no less meaningful 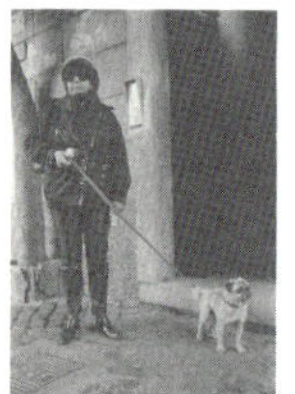 for us than the way the Parisienne bares herself. Once again we are confronted with the concerted force of her life experience, although what she conveys is not fullness but the anxiety of being hurt and humiliated. We recall the countless women in wartime who covered their bodies in rags out of the justified fear of being raped. But what induces a middle-aged woman in the southern metropolis to cut herself off like this from the proximity of others in broad daylight? We shall never discover the answer.

And what – to take a third person – moves that pensive wanderer who chanced across the photographer's path near the Elysée Palace? Over the years Banier encountered her time and again, until one day he followed her and discovered that she lived in a makeshift dwelling in a park. A figure whom he once described as "a veritable church, a monument." Once again we are faced with a mystery we are unable to unravel, one that is truly propelled into the world by the photograph.

With each mystery that Banier's works give us to ponder, a chasm of possible experiences opens up, a forest full of voices which ceaselessly clamour to be heard. For François-Marie Banier is not only a photographer, he is also a novelist – and as a photographer he is always a narrator. It is evident that he chiefly spends his time in the metropolises, in places that afford space and refuge to people who have left the well-trodden paths of middle-class life, whether of their own free will or through a calamitous event that made all return impossible. Not that Banier has to actively search; he comes across the fringe figures who populate this book as if it were the most natural thing in the world, because the way he looks at others is informed by a deep humanity coupled with respect. Nowhere would even the slightest accusation that the photographer assumes the position of a

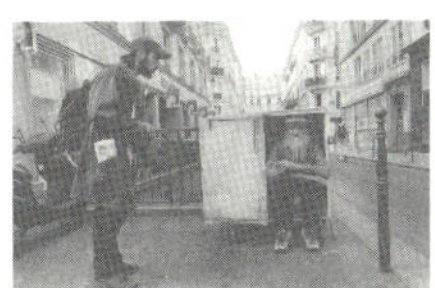

voyeur stand scrutiny. Admittedly he never asks his protagonists whether they actually wish to be photographed, for this question would radically alter the character of his shots. Walker Evans, for instance, only managed to produce his inimitable Subway Portraits (1938–41) by working with a concealed camera. Yet Banier does not really conceal his photographic activity; he is assured of the gratitude that the people will show when they become aware of the photographer: gratitude at being chosen.

The doorman at the entrance of the Metropolitan Museum: which visitor would pay him so much attention? The homeless man who has parked his mobile crate-cum-home in Rue Saint-Martin:

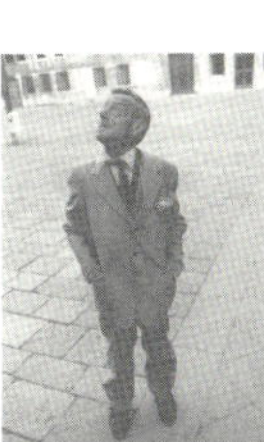

he returns the photographer's gaze with a self-assured smile, as if meeting an old friend. And that slight figure of a man in his over-sized suit, whom Banier encountered 1994 in Venice while on his way to see Marlon Brando: isn't he revealing all of his forlornness to his opposite number in a heart-rending moment of trust? Consciously or otherwise, many of the people on whom Banier sets his eye appear to sense the irretrievable moment that documents once and for all their presence in this world.

Modes of Approach

Even if Banier's photographs convey a certain homogeneity in their depiction of the subjects, on closer inspection we find a whole range of modes. Let us take for instance the ageing gentleman dressed up in a suit and waistcoat, complete with hat and umbrella, who has stopped amidst the teeming traffic on the Avenue des Champs-Elysées. The stream of cars has made crossing the road difficult, so that his momentary wait becomes an interminable period of torture. Time appears to have come to a standstill beneath his feet. Fifty years ago, as Banier well knows, this man's demeanour was a vital part of middle class Paris, and was accompanied by specific standards and a large canon of regulations that determined the social order. August Sander already outlined the prototype of such a demeanour in his own photographs. In the Paris of 1992 this bearing seems almost tragic: like an obsolete attempt to rescue traditional bourgeois standards from across the passage of time. And yet – as is also shown by the photograph – nothing seems able to ruffle the man's composure, the bustle of the boulevard does not really touch him. Thus his presence seems both pitiable and comic.

When Banier trains his camera on the participants at a demonstration against the commercial exploitation of animals by the meat industry, he unexpectedly detects a demonic trait and lurking violence beneath the cow mask. Here he trades a gaze that loves humankind for one that is as incisive as a scalpel. And this applies no less to the fanatical Le Pen supporter who does not shy from using her dachshund as a vehicle for propaganda.

By contrast, he clearly relishes the picture presented by the gay clad in chains, who displays his personal obsession with the greatest self-confidence at the Gay Parade, and the same is true of the drollness of that trusting senior citizen in the small town of Sommières. No less apparent is the deep respect he shows for the magnificent concierge who, unconcerned by her domestic garb, displays her poodle with pride. When he discovers the former policeman performing his charity work among the whores of Pigalle, there is a secret agreement about the comedy of the situation which his opposite number willingly enters into. And the two naked men are not the least bit shy of presenting their ripe bodies to him in the bathroom in Atlanta. Perhaps the two men will have sex once the photographer has left, who knows?

However deeply embedded these different characters are in their heterogeneous and often contradictory social milieus, Banier's camera always finds a way to approach them and pinpoint the uniqueness that sets them apart from thousands of others. Sharp-sightedness goes hand in hand with the ability to discover the comic element in the banal and with a respect for human dignity. It should be noted that the photographs of marginal figures shown in this book represent only a modest, albeit highly eloquent part of an extensive body of work that includes any number of contemporaries, extending from Samuel Beckett to Vladimir Horowitz and from Silvana Mangano to Johnny Depp. Simultaneously, the portraits of these nameless people underline all the more Banier's continuing interest in the diversity of human life.

Diane Arbus once said: "You see someone on the street and essentially what you notice about them is the flaw." It would be hard to suggest that Banier is immune to such flaws. But this kind of seeing is absorbed in his case by a boundless, far-reaching desire to discover the person amidst the banal and the outlandish: the entire spectrum of human sentiments and emotions, all those unspoken stories that have worked their way into their gestures, their bodies and their bearing.

The Precarious Balance

A number of photographs could perhaps be entitled "Scenes from Damaged Lives." We see an amputee, a former soldier resting somewhere on a patch of grass in Miami. We see the tiny child in a remote corner of Salvador in Brazil, left alone before an enormous house door. We see the nun in an old peoples' home in London, and picture to ourselves how she was once surrounded by stressful duties aimed chiefly at serving others. Nothing remains but the loneliness of old age. The concern here is with people who have not much to expect from life, and who are all marked by the injustices that have ineluctably descended on them. Yet in Banier's

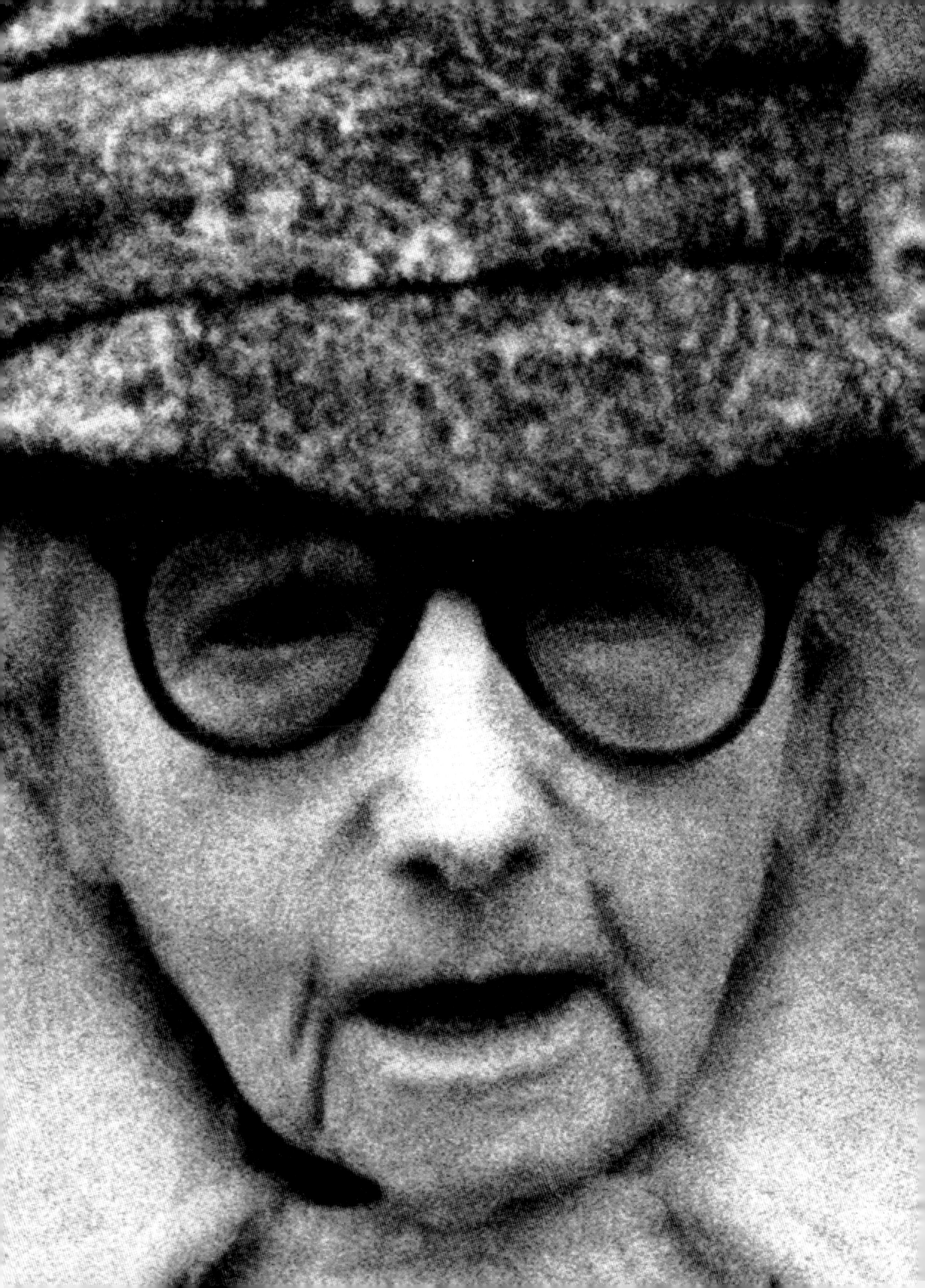

work it is precisely these people that stand out from the masses like lighthouses; the photographs tell us incessantly: "This man or this woman, or this person or that person also counts, and counts no less than any one of us."

We see the back of a man who has had the words "I hate you …" tattooed on his skin, and we see that other tattoo in which a shattered submachine gun is pieced together to form a new symbol, the five-pointed star of liberty: two answers to all adversity, emanations of the defiant will to master your fate, however harshly it has treated you. It is precisely these photographs, where marginal life 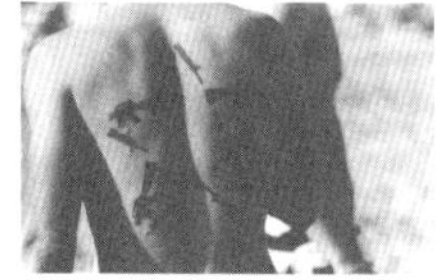 is brought into focus, that show us the theme that has constantly preoccupied François-Marie Banier: the human condition. And this permanent questioning places Banier and his work in the ranks of those great photographers who have tackled the selfsame theme, not least August Sander, André Kertész, Henri Cartier-Bresson and Robert Frank, to name but a few. The question about the prerequisites of being human is posed only by those who can draw on the necessary experience. And Banier has the experience, for without it his photographic œuvre could scarcely develop that awareness of a person's fragile condition that radiates from every shot.

"When I take photographs", says Banier, "it is much the same as when I write. I write because of the wound inside. I have struggled to cope with that wound, ever since I was five, say, or twelve. And everything that emerges while writing when one is thirty or older is ultimately fed by this pain. So all of my photographs are filled with impressions and experiences that I had much earlier on, or with people who I already got to know years ago." This statement gives an indication of what it is that fascinates the photographer, and explains why over the decades he has succeeded in sifting out his subjects from thousands of others, regardless where he is.

Let us conclude with the woman whom Banier saw in Calcutta in 1988. She is anything but an outcast who has landed on the fringes of society. Her ornate jewellery, her floral dress, co-ordinated as it were with the fabrics in her room, her well-tended complexion – everything seems to point to a situation in life in which she wants for nothing. There can be no doubt that in her younger years the woman was a beauty, a diva, a seductress. But, to put it bluntly: those years are well and truly over. However, the makeup that has been carefully applied to her eyes and her carefully pencilled eyebrows tell us something else: a desperate rebellion against the ravages of physical decline. Surrounded by this makeup are a pair of mournful, indeed mourning eyes through which the unvarnished tragedy of growing old is conveyed. In keeping with this, her gaze is a knowing one as it looks steadily into the future that is left for her, and correspondingly there is a certain tenseness to her hands as they grip her handbag a little more firmly than necessary. A tiny detail in this photograph that appears more by accident acts like the lemma in an emblematic context. The word "age" can be read on the strap of her handbag – nothing more in fact than a fragment of the brand name, but for the beholder this brief word sums up the entire meaning of the photograph.

On the Edge refers not merely to life on the fringes of society, far removed from regular in-comes or the support granted by a family or a loved one. It can also mean that the lives of others unexpectedly proceed a little faster than one's own. The woman in Calcutta exemplifies this, as does the man on the Avenue des Champs-Elysées. Every man and every woman, and in fact every child anywhere in the world can end up on the edge when, for instance, something intensifies to become a kind of stigma. At times, as we learn from Banier's works, it is no more than a small tick, a quirk belonging to the outsider, sometimes a physical affliction, age itself, a stroke of fate or quite simply adverse social circumstances. But the photographs also convey the complementary experience, that revolt against force majeure that is necessary if one is to be human. Almost all of the protagonists in Banier's work have this power, even if it is simply the silent acknowledgement that life goes on and one must go along with it – come what may. It is the way in which this precarious balance between stigma and rebellion is caught by the camera that makes these photographs so unmistakable.

When life on the paradisal island of Tahiti eventually became hell on earth for Paul Gauguin, he summoned his strength once more in 1897 and painted that pictorial bequest that took humanity per se as its theme. It bears the title: *Where Do We Come From? Where Are We? Where Are We Going?* Each and every one of the people that Banier sets eyes on and captures almost in passing with his camera has these questions written all over their face. That is what makes the photographs so significant for us – we who yet again have got off so lightly.

ON THE EDGE

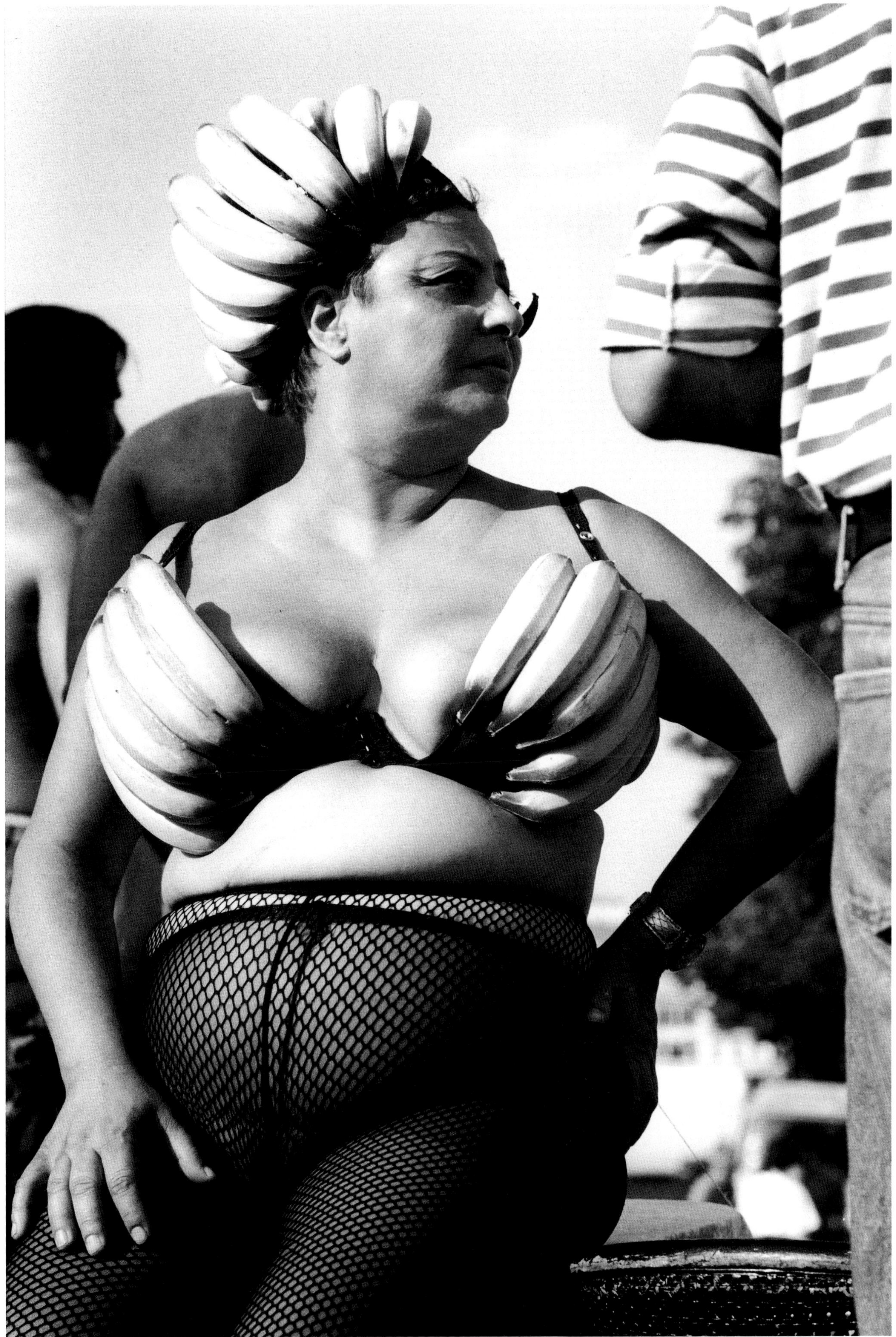

PARIS, JUNE 1994

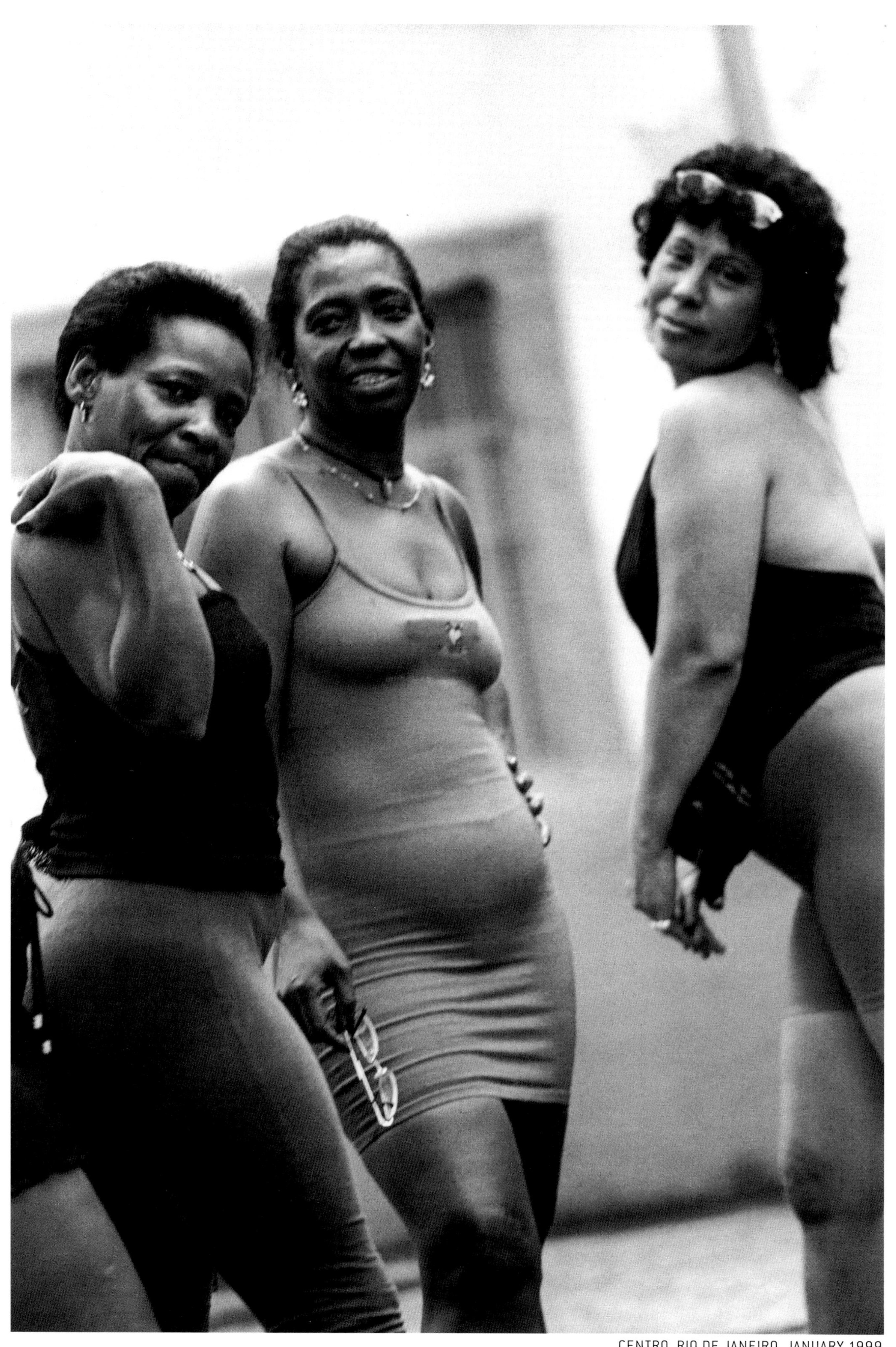

CENTRO, RIO DE JANEIRO, JANUARY 1999
BARCELONE, FEBRUARY 2002

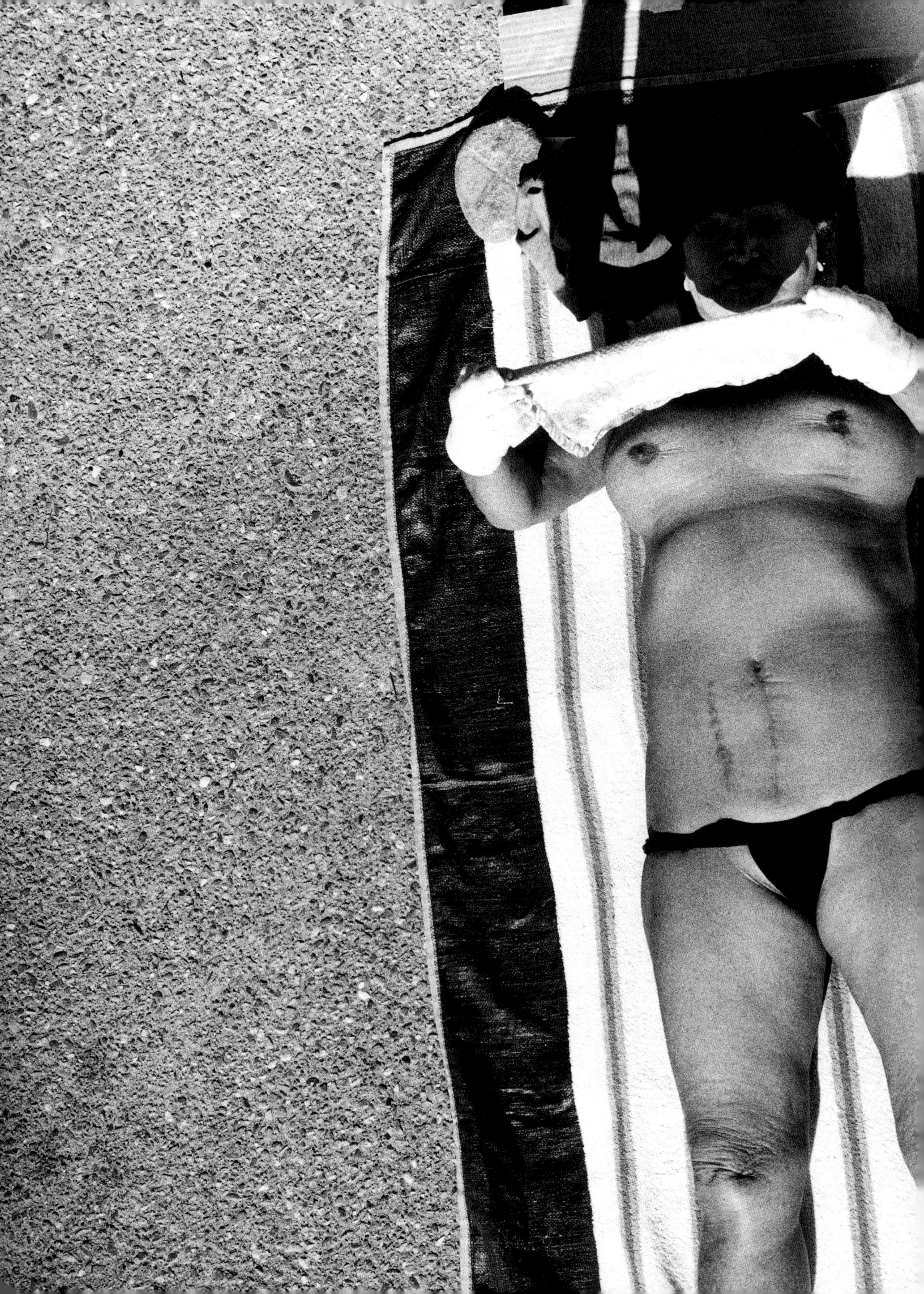

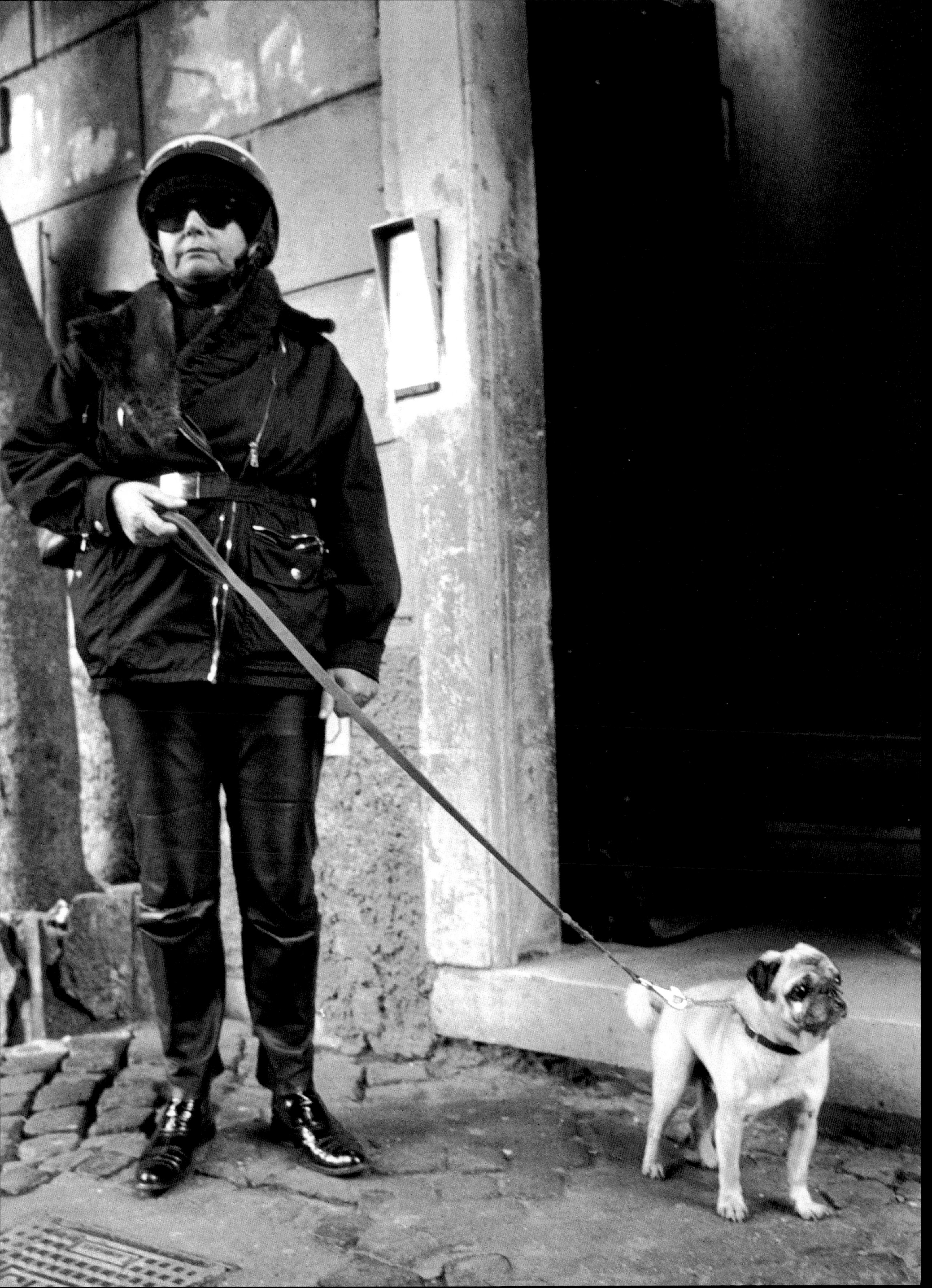

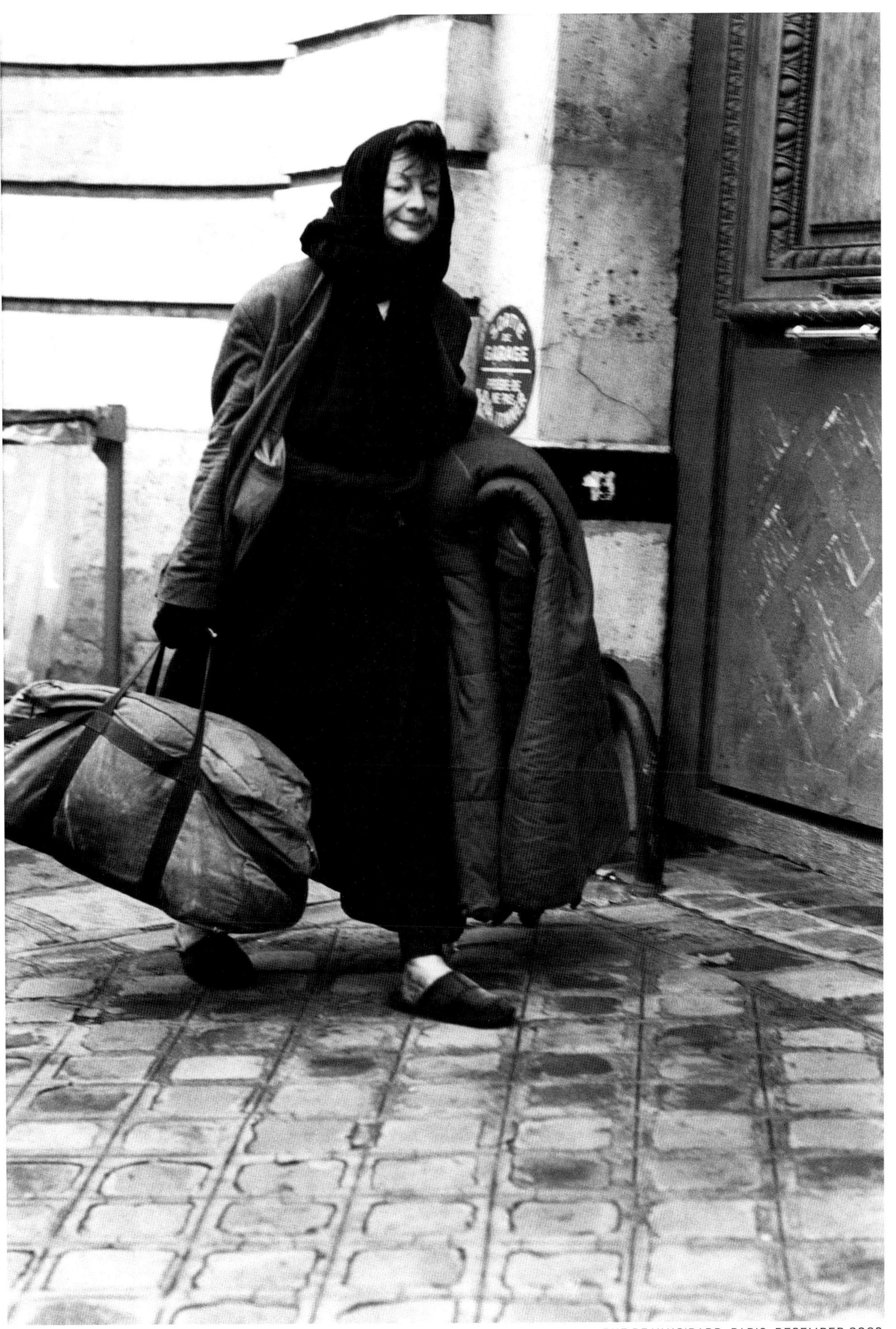

RUE DE VAUGIRARD, PARIS, DECEMBER 2003

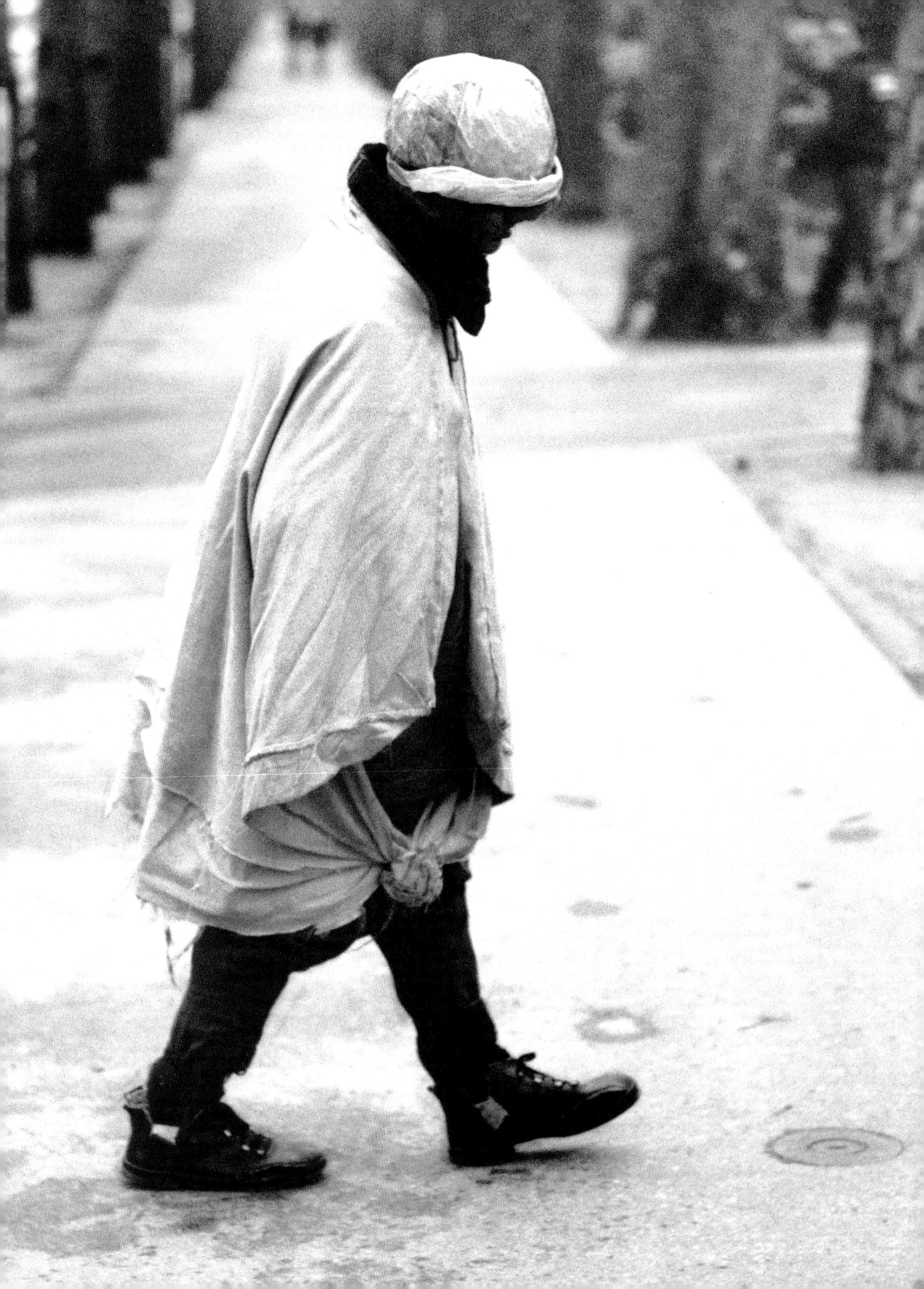

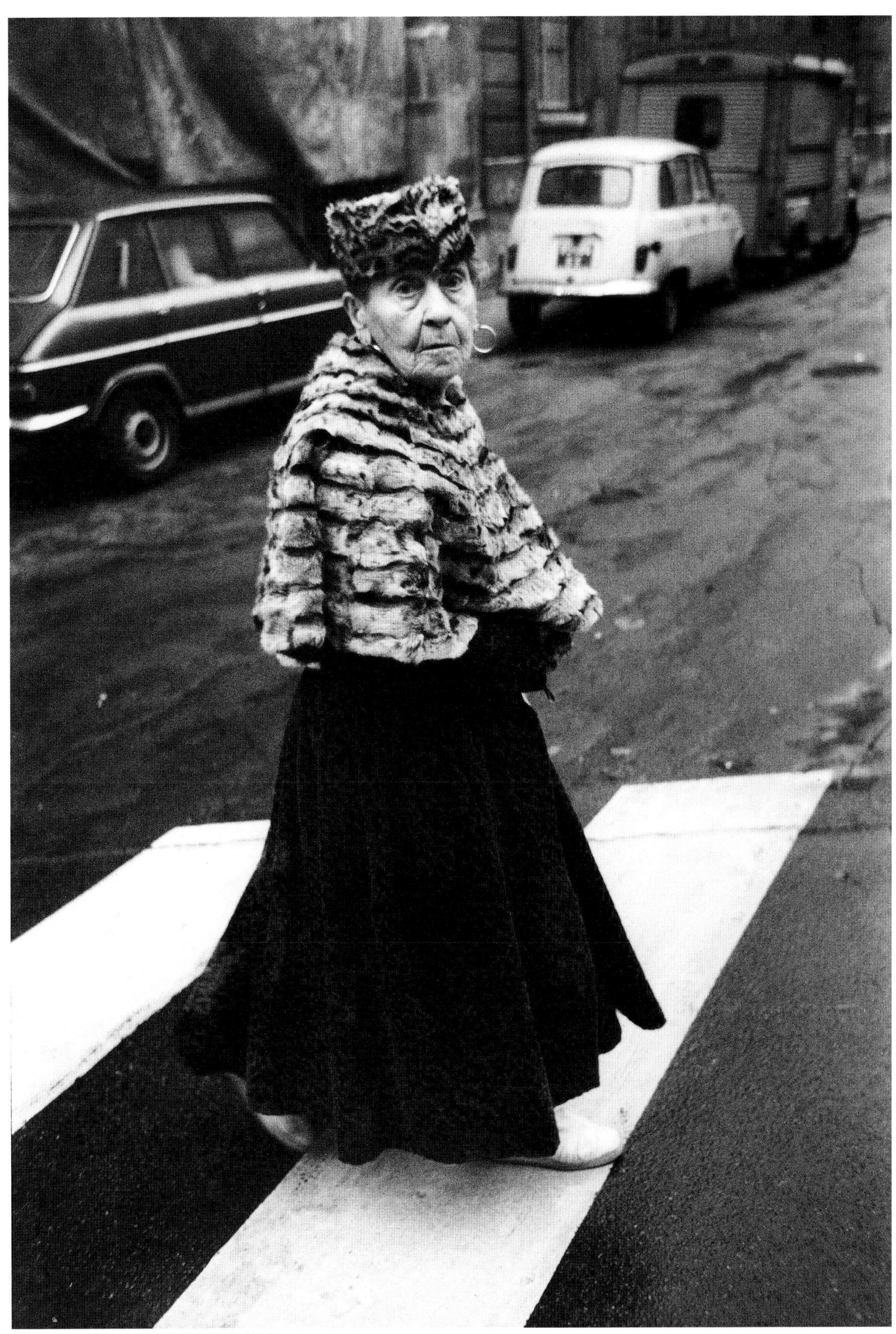

RUE DU REGARD, PARIS, DECEMBER 1981
AVENUE DE MARIGNY, PARIS, 1968

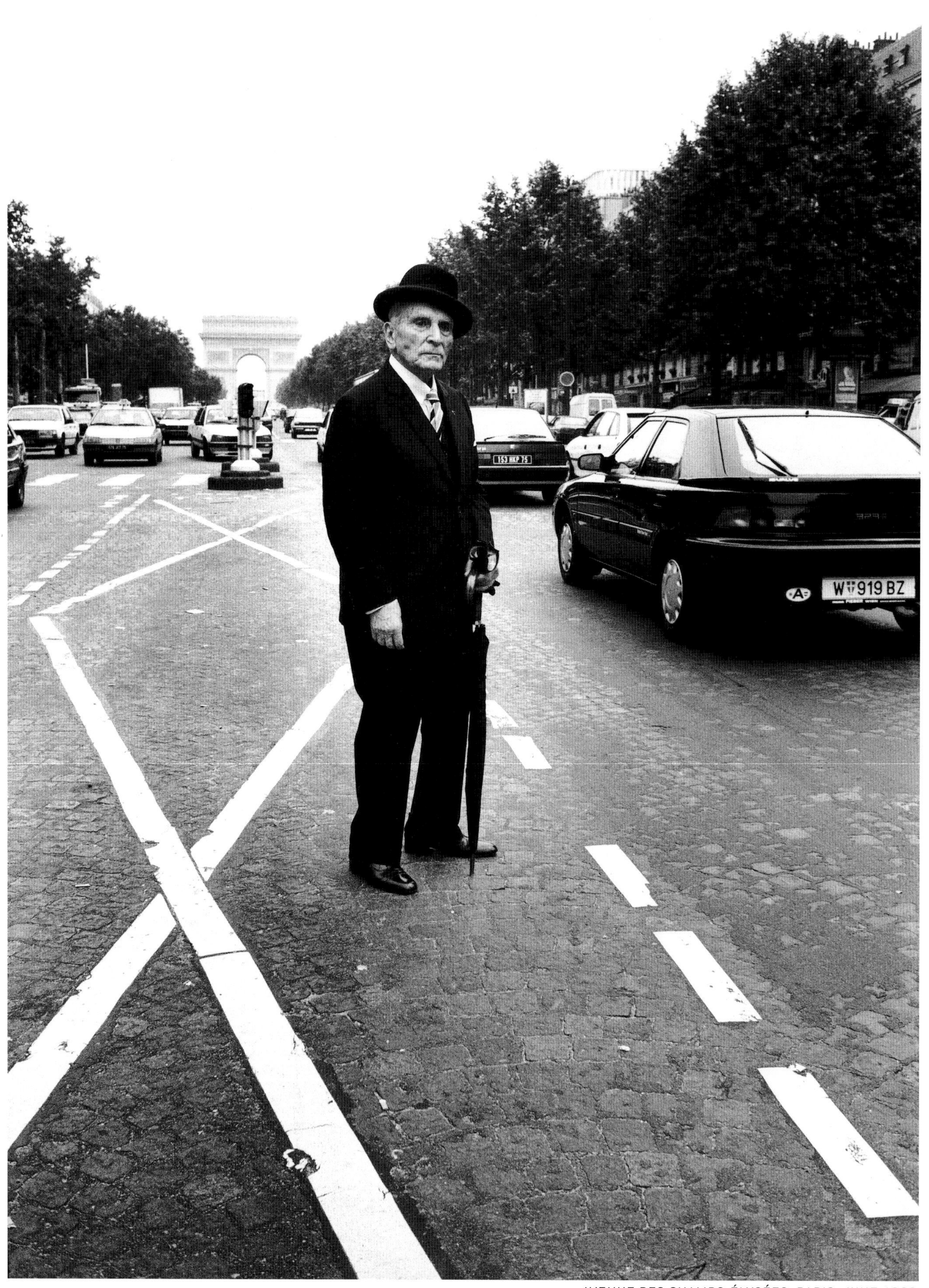

AVENUE DES CHAMPS-ÉLYSÉES, PARIS, JUNE 1992
NEW YORK, OCTOBER 1996

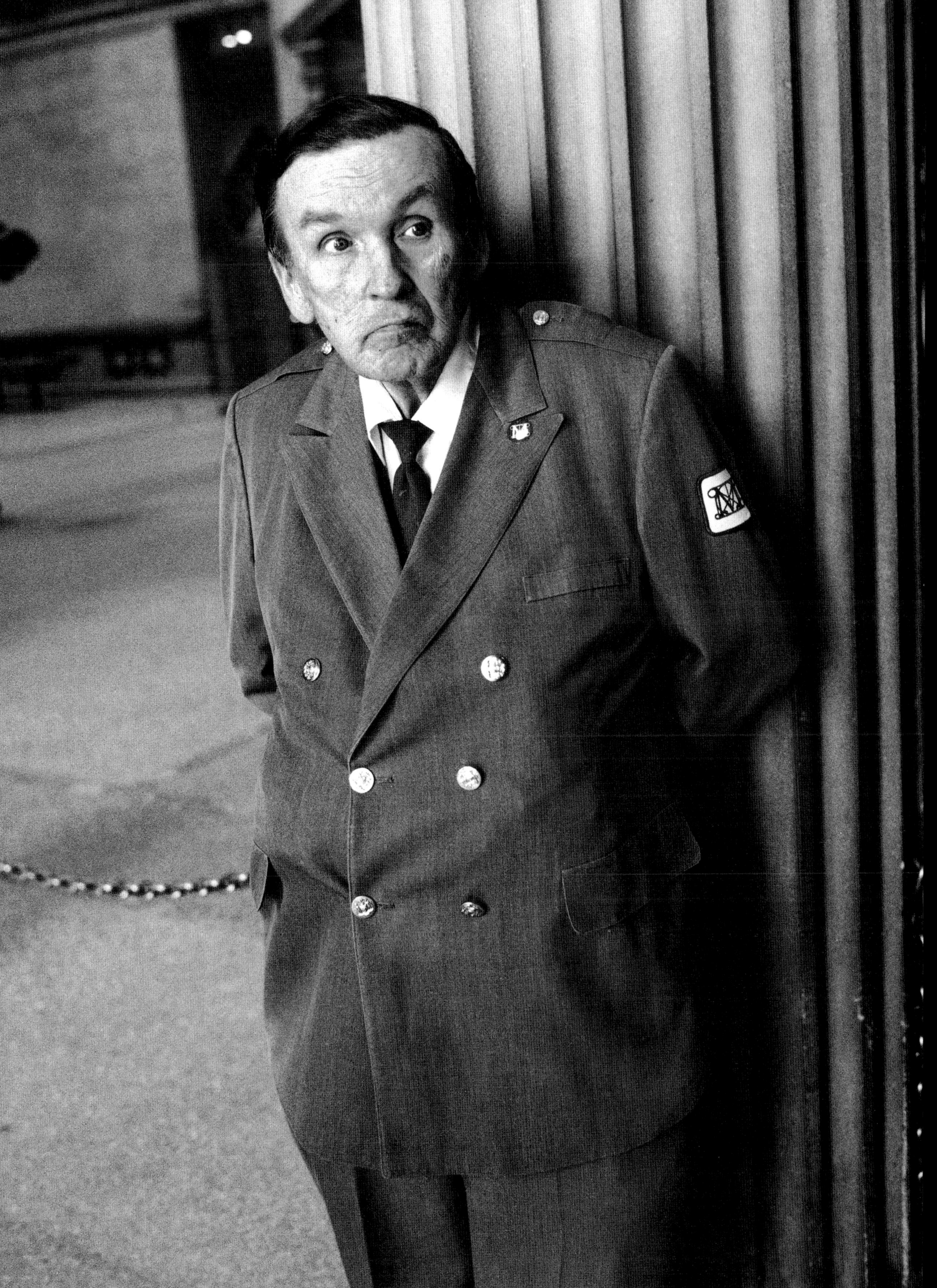

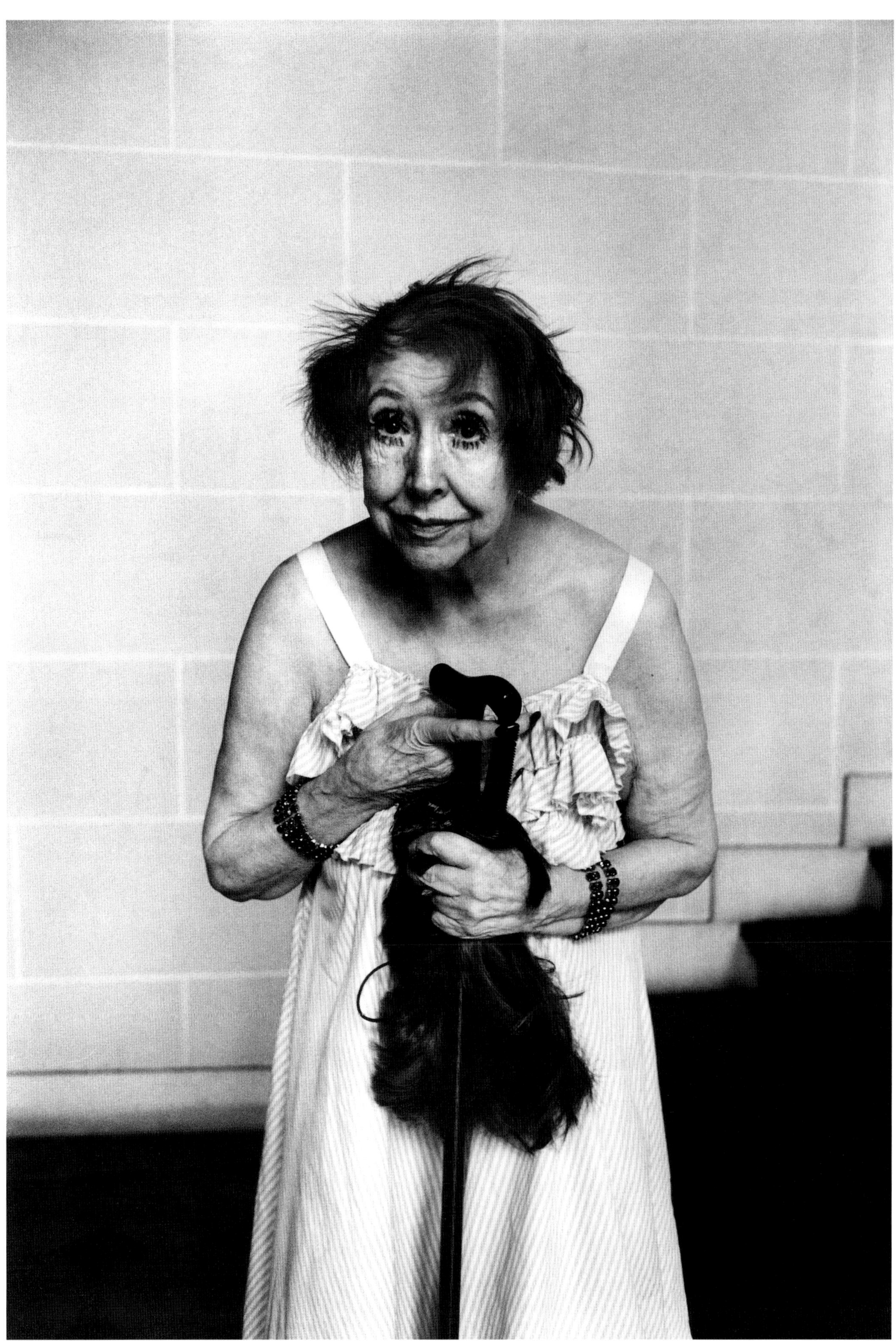

MADELEINE CASTAING, PARIS, MAY 1987

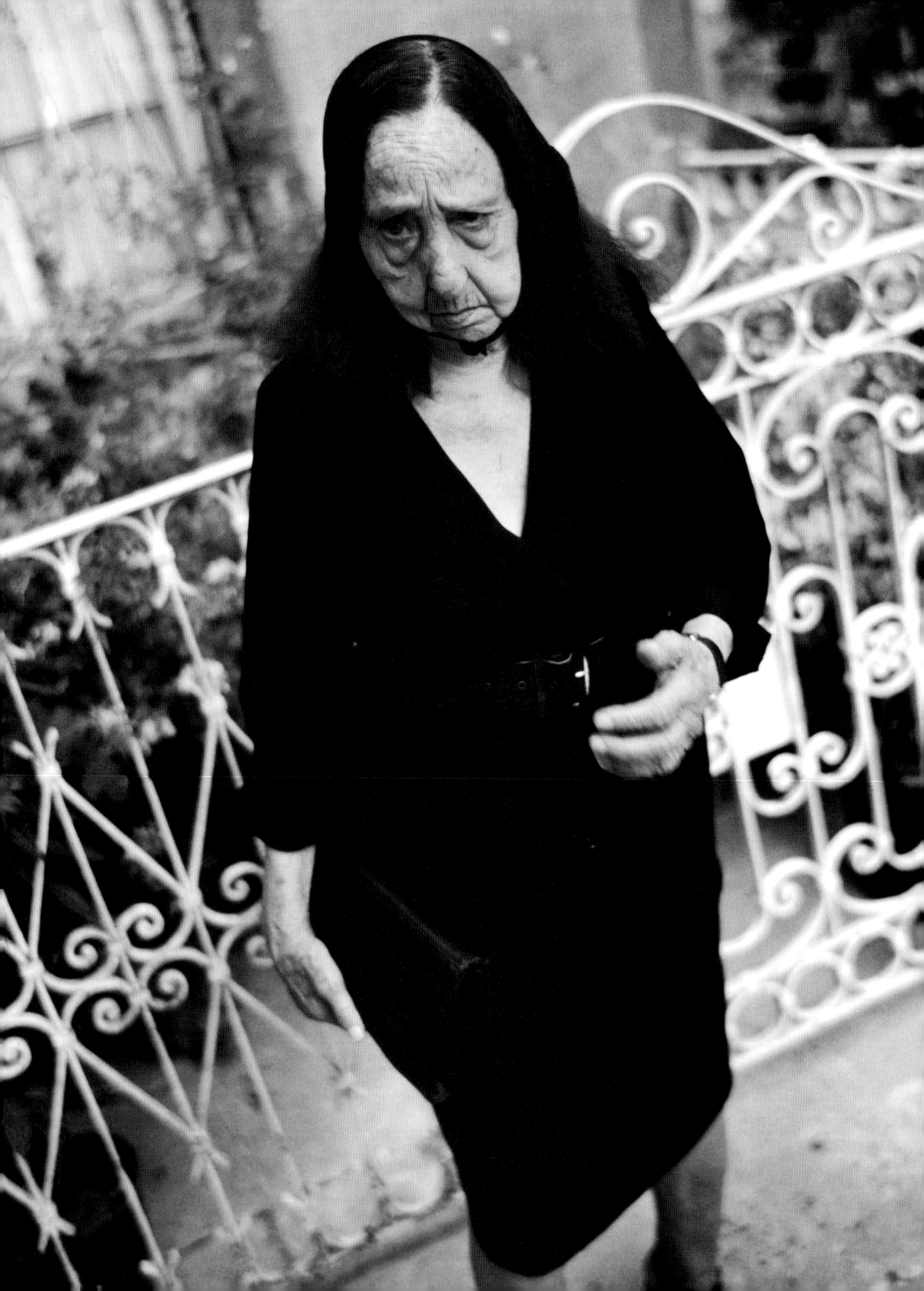

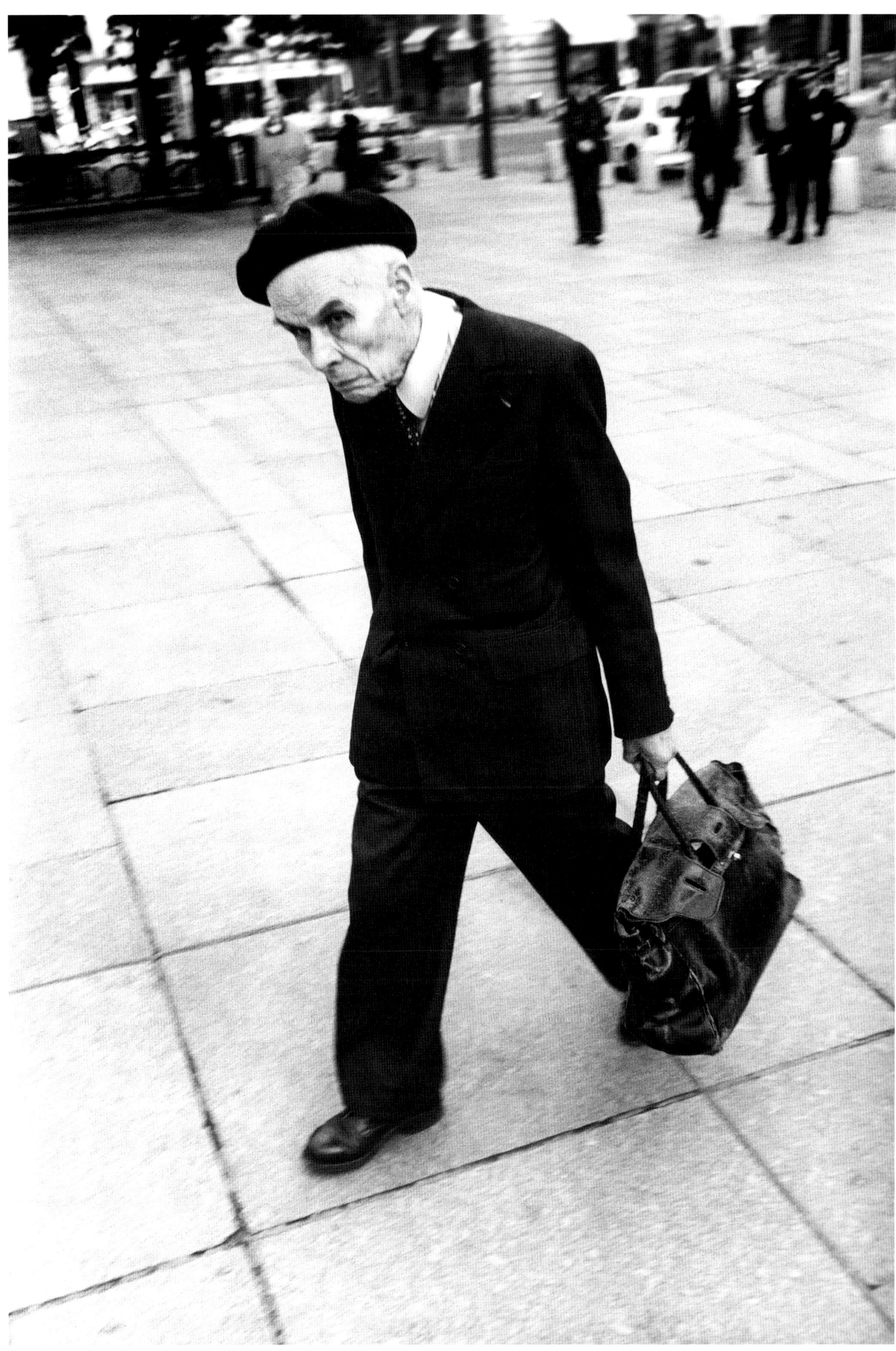

PLACE SAINT-SULPICE, PARIS, APRIL 1997
CORFU, JULY 2002

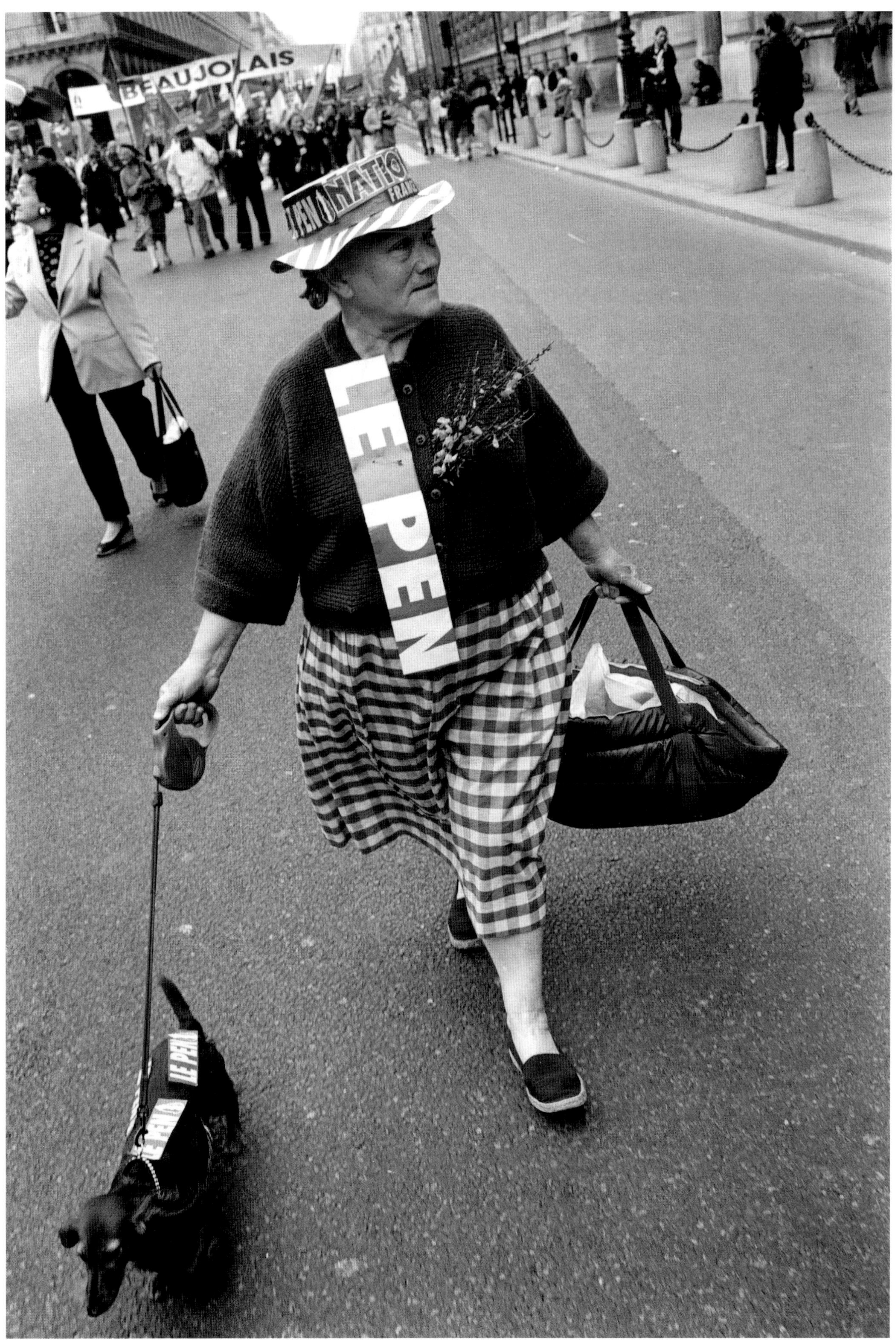

BEAUJOLAIS
FRONT NATIONAL FRANCE
LE PEN
LE PEN

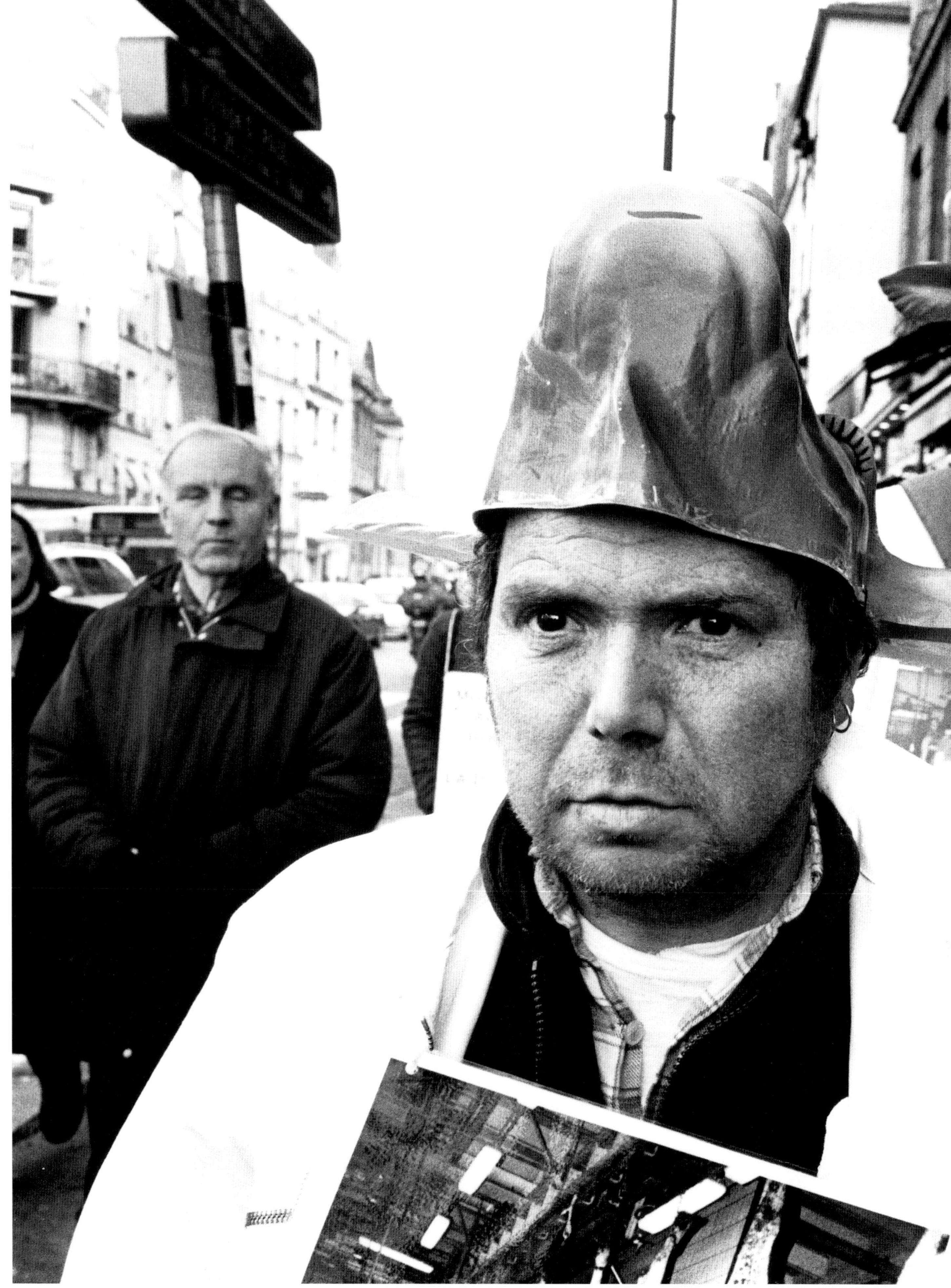

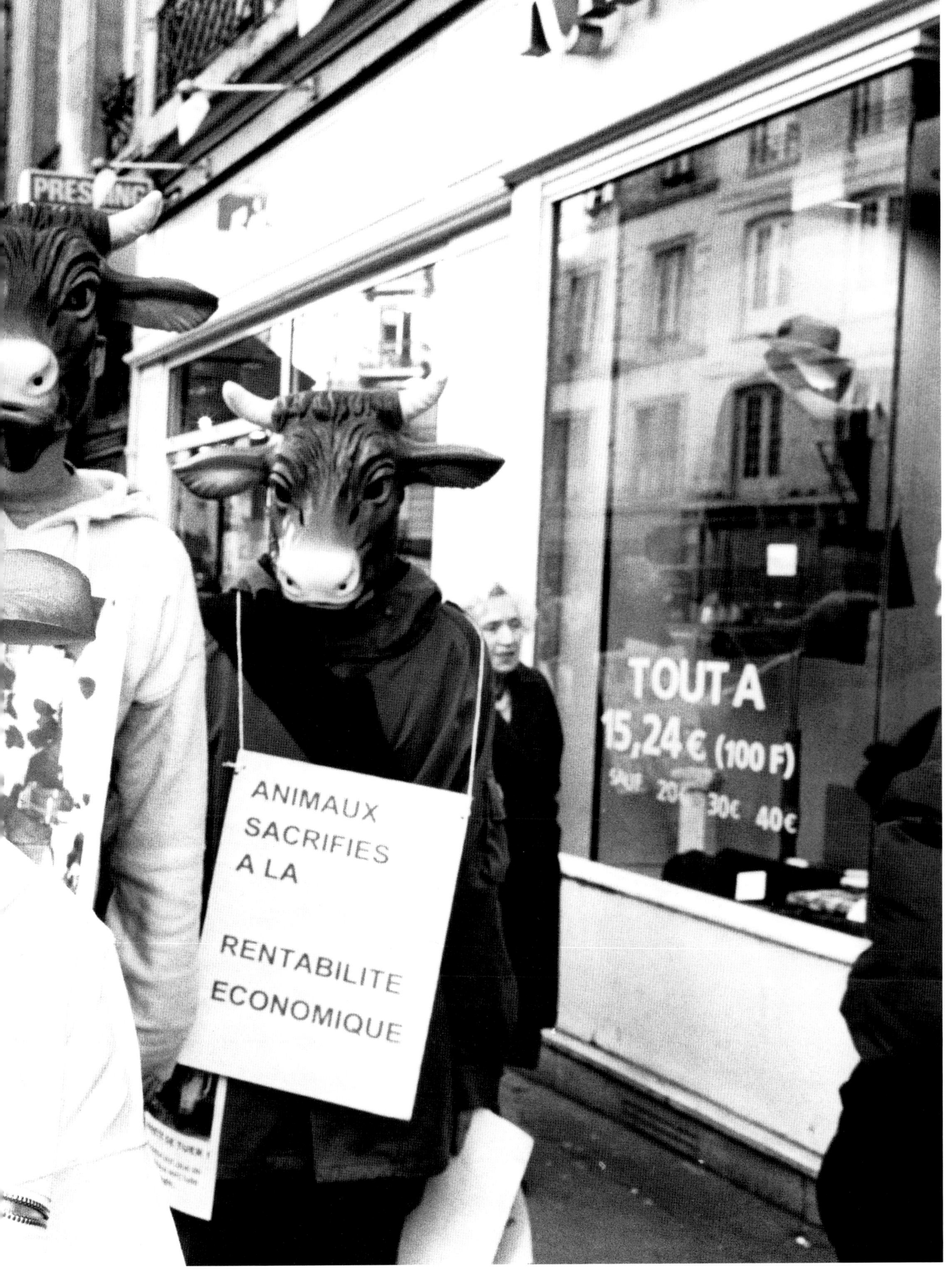

PRESS
ANIMAUX
SACRIFIES
A LA
RENTABILITE
ECONOMIQUE
TOUT A
15,24 € (100 F)

RUE SAINT-ANTOINE, PARIS, FEBRUARY 2003

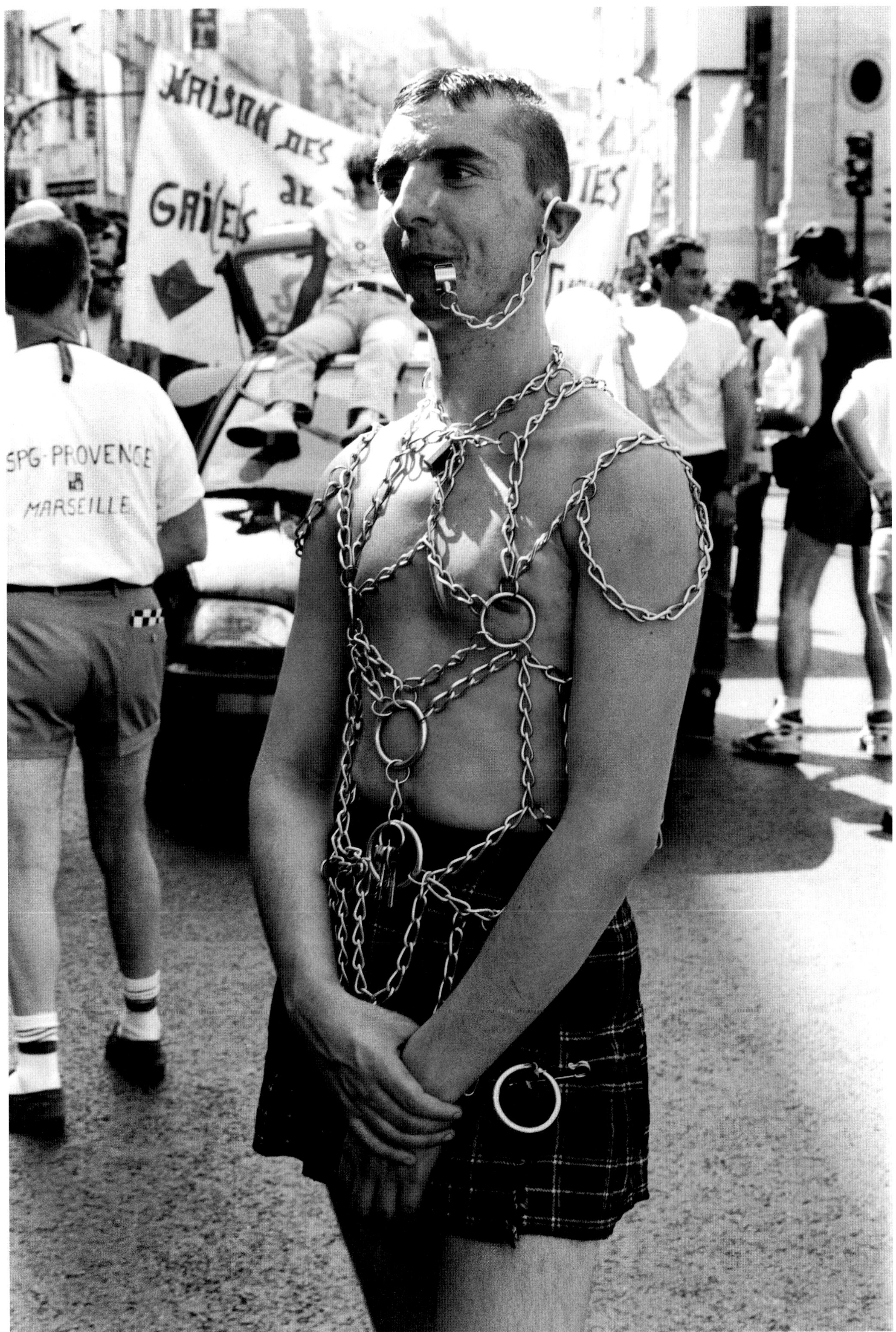

PARIS, JUNE 1992

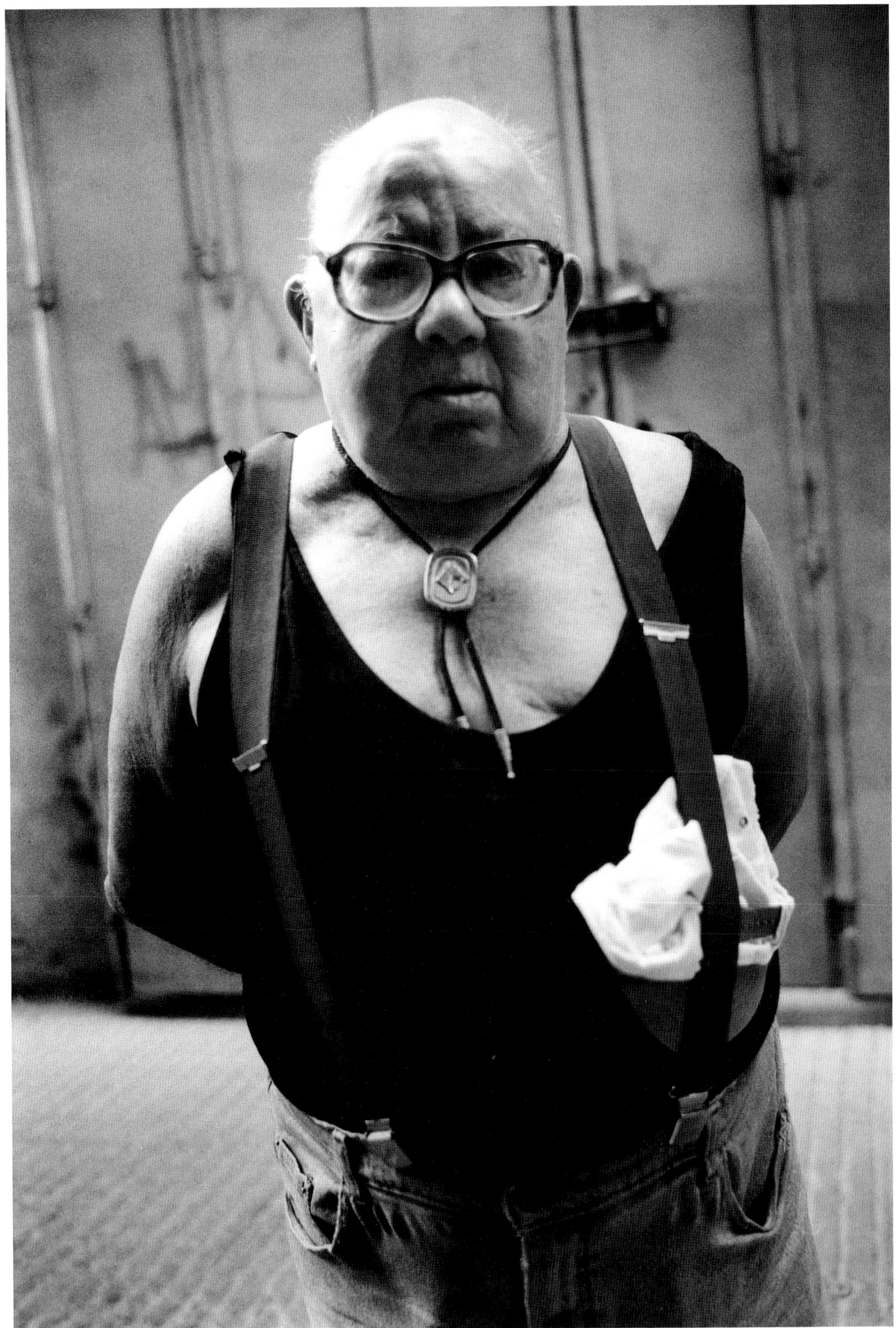

SOMMIÈRES, AUGUST 2003

SOMMIÈRES, AUGUST 2003

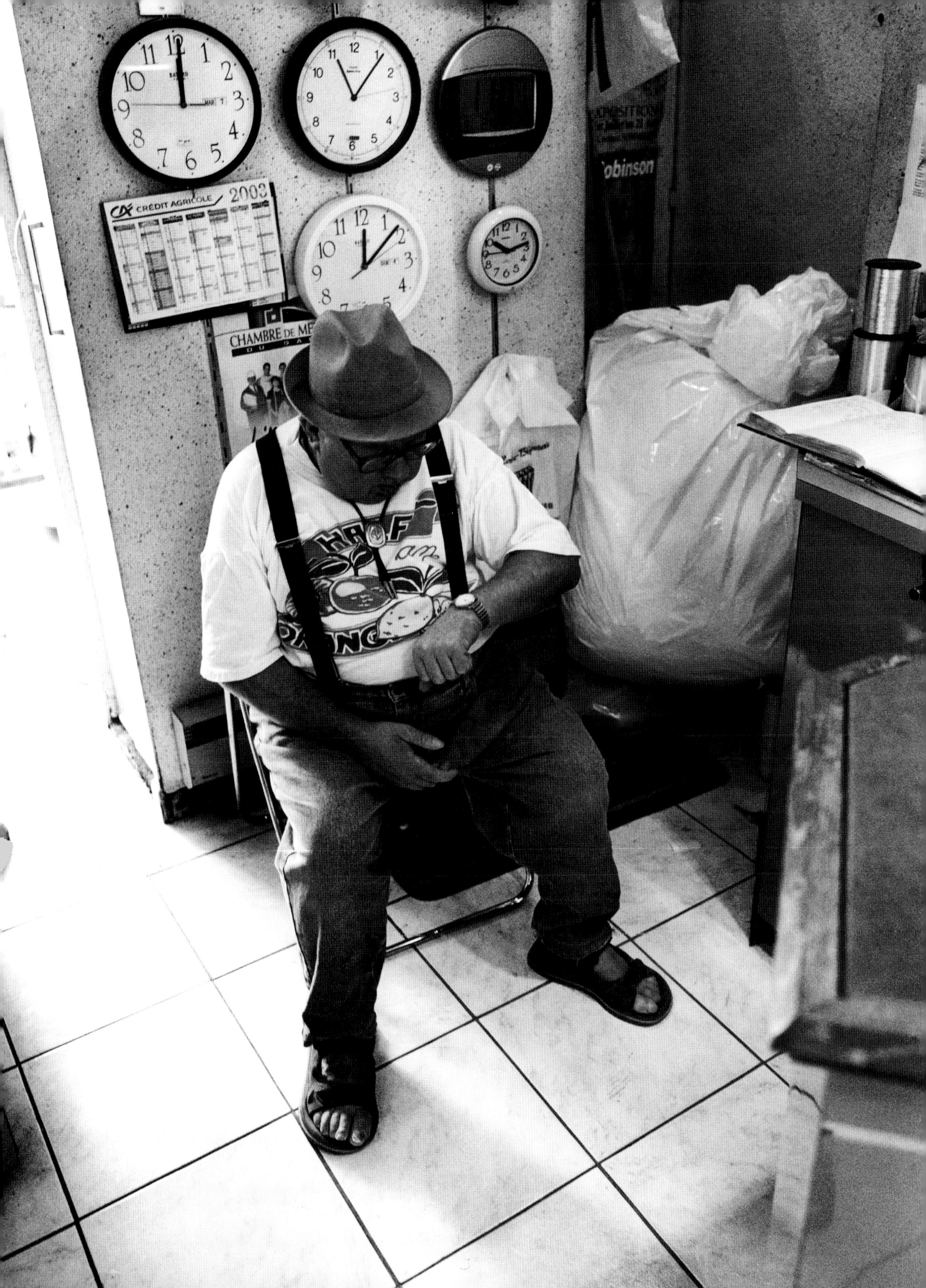

CRÉDIT AGRICOLE 2003
CHAMBRE DE MÉ
obinson

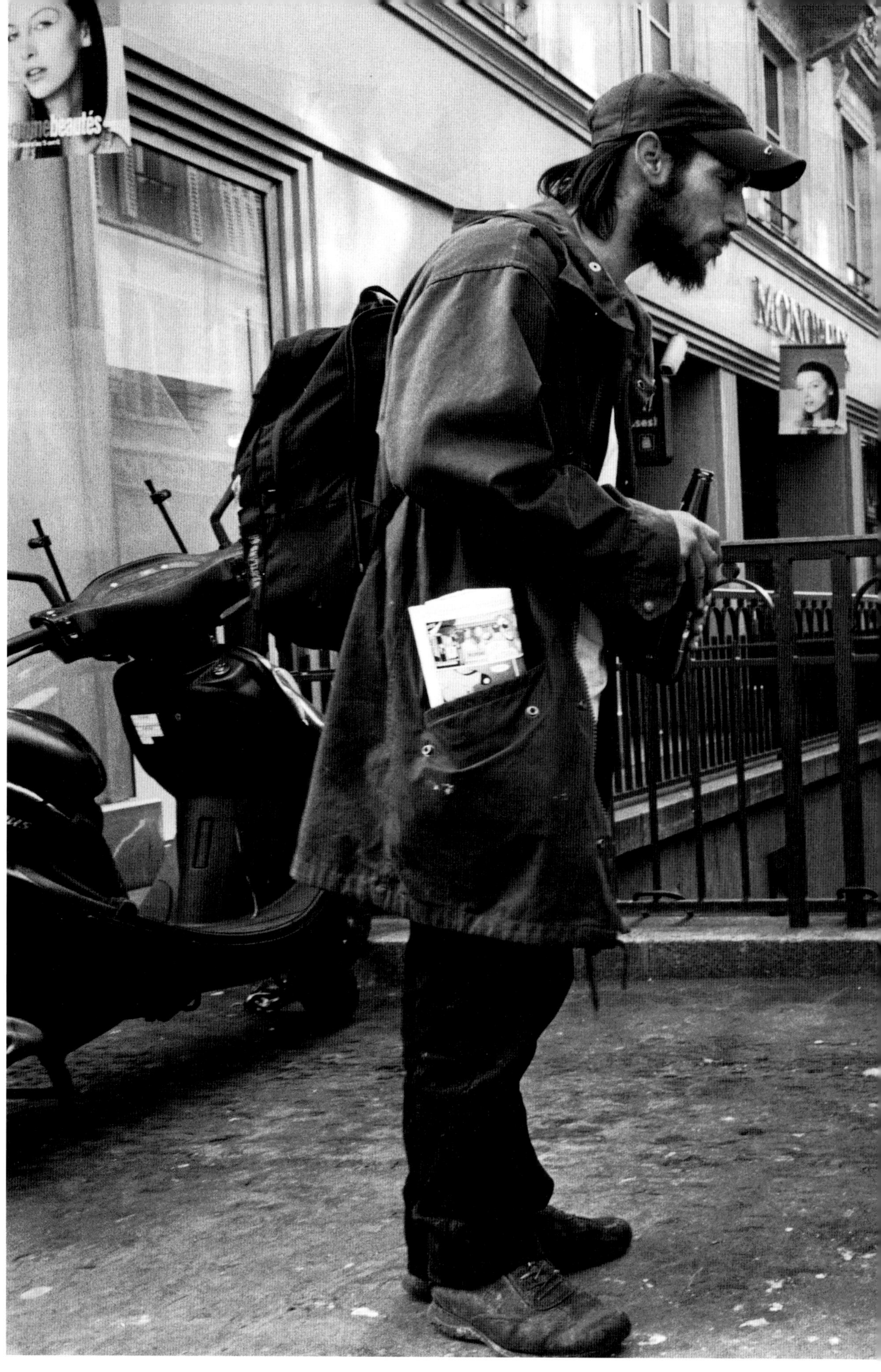

RUE SAINT-MARTIN, PARIS, MARCH 2003

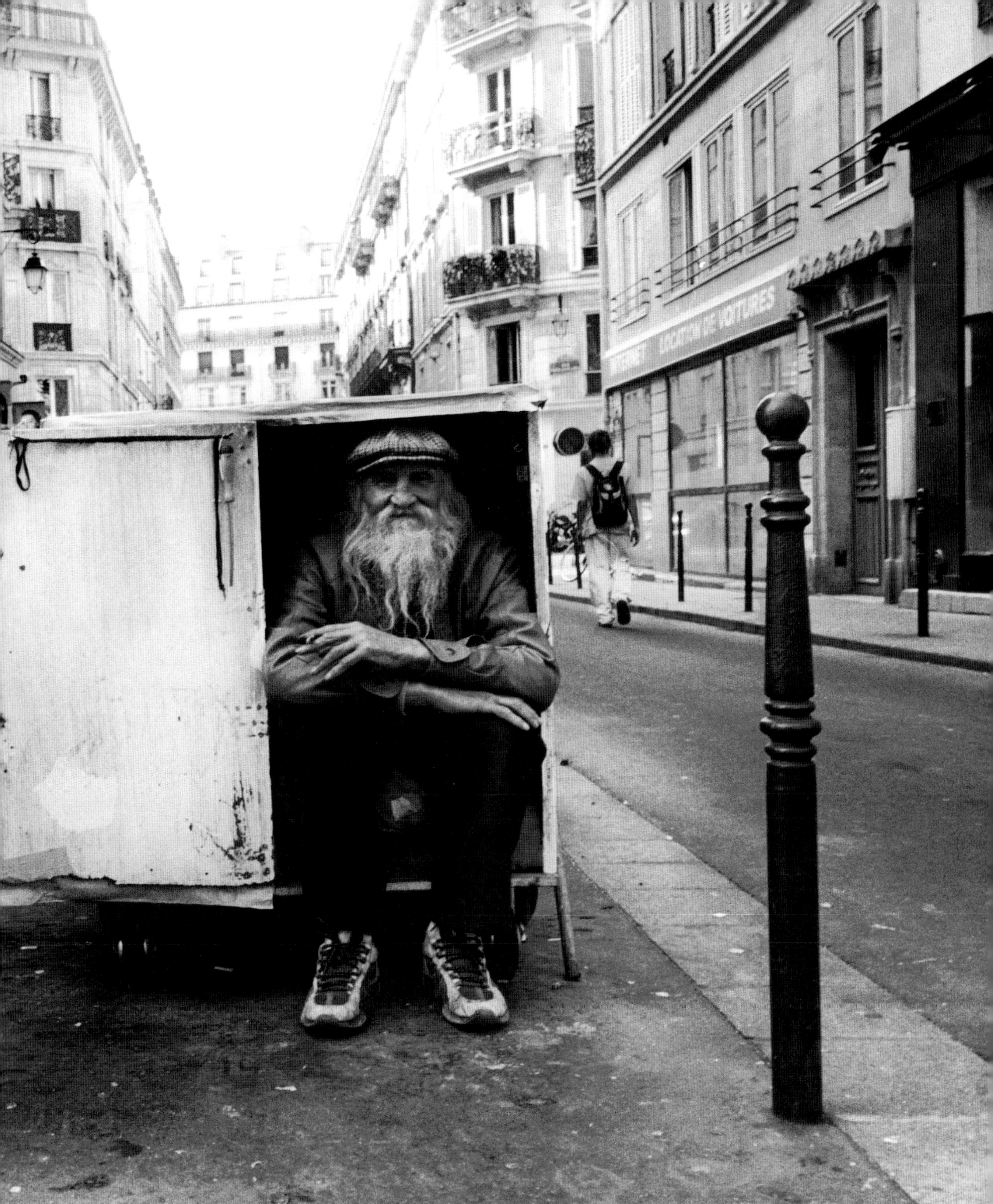

LOCATION DE VOITURES

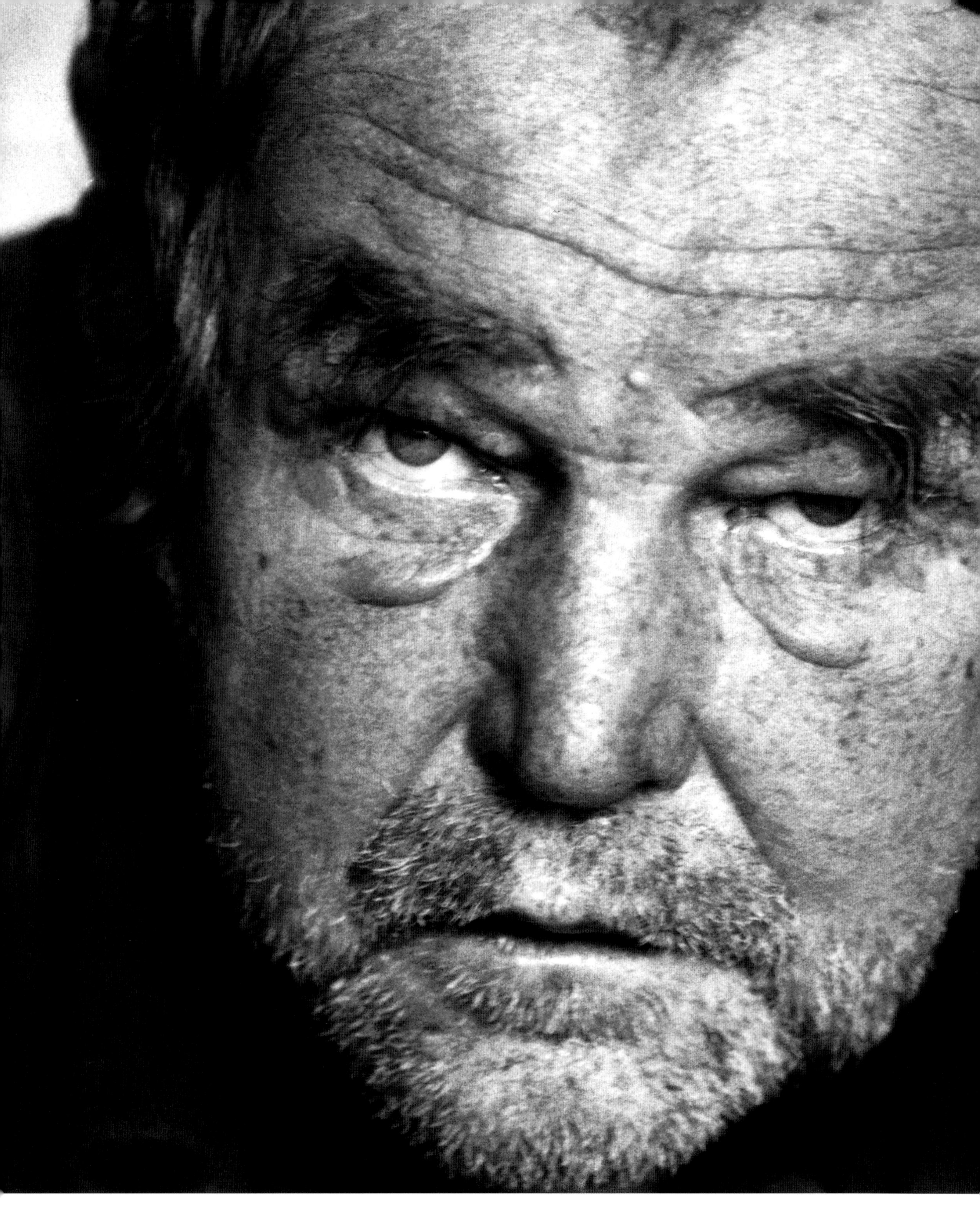

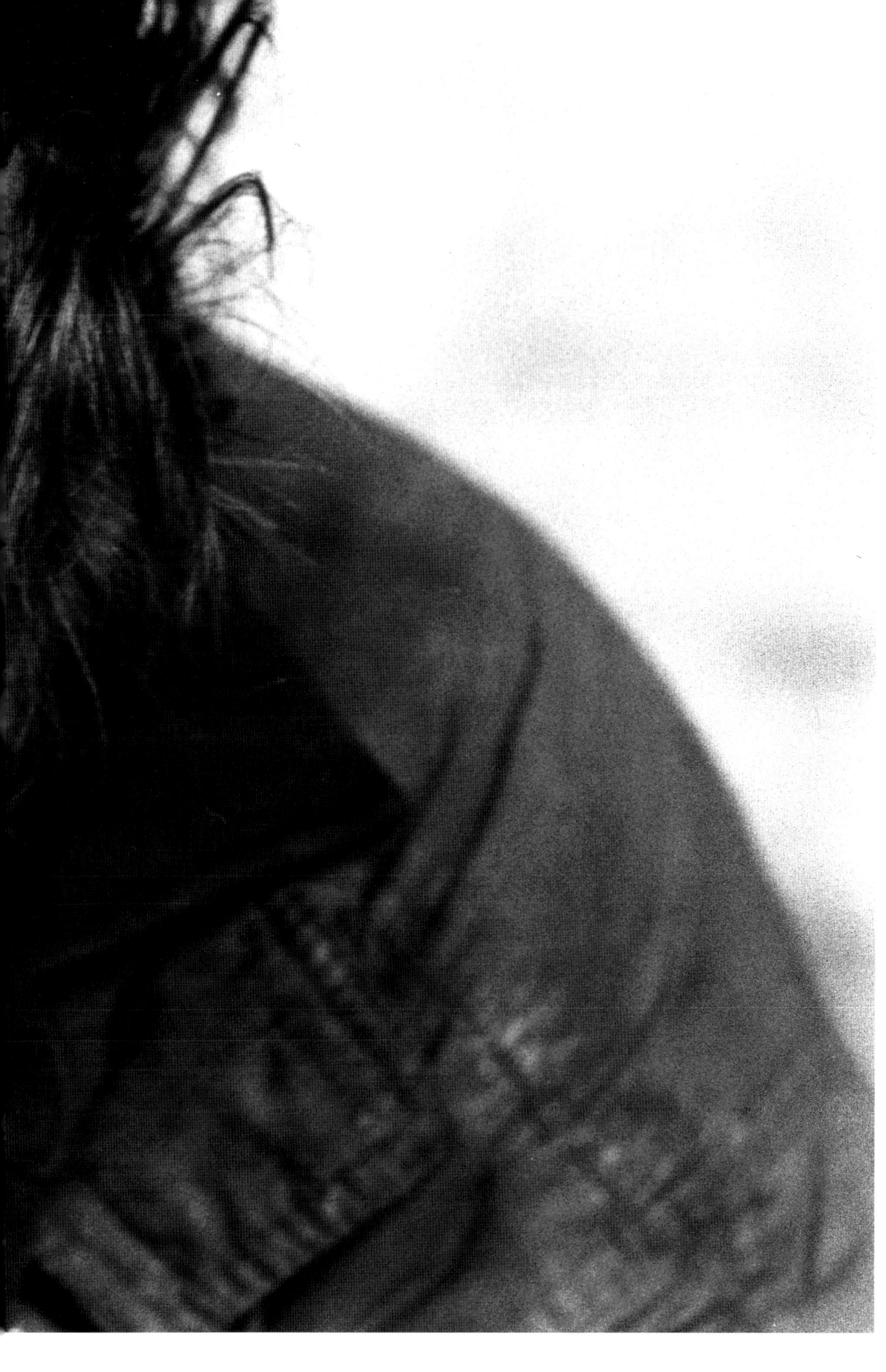

PARIS, MARCH 2004
MARRAKECH, NOVEMBER 2002

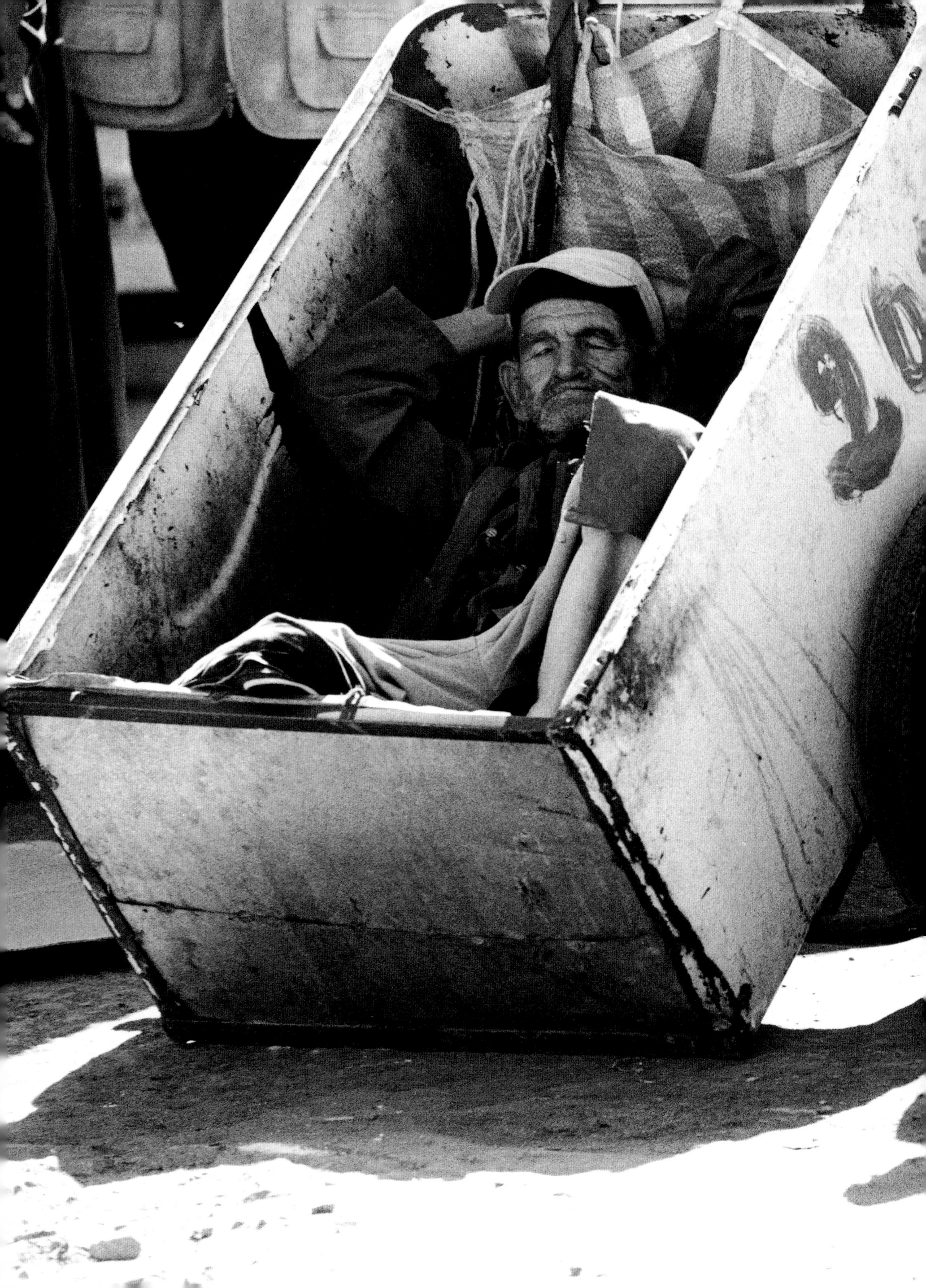

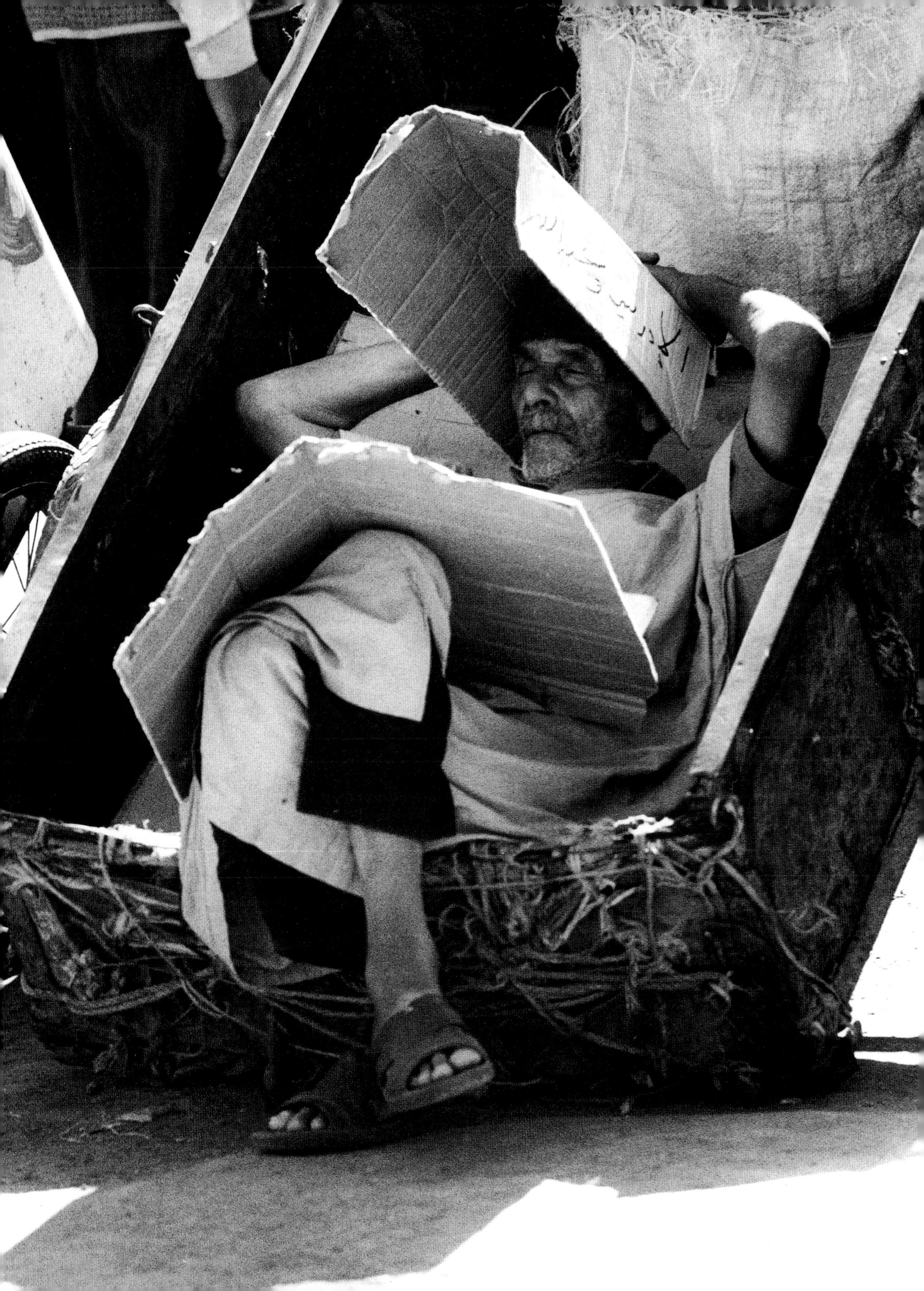

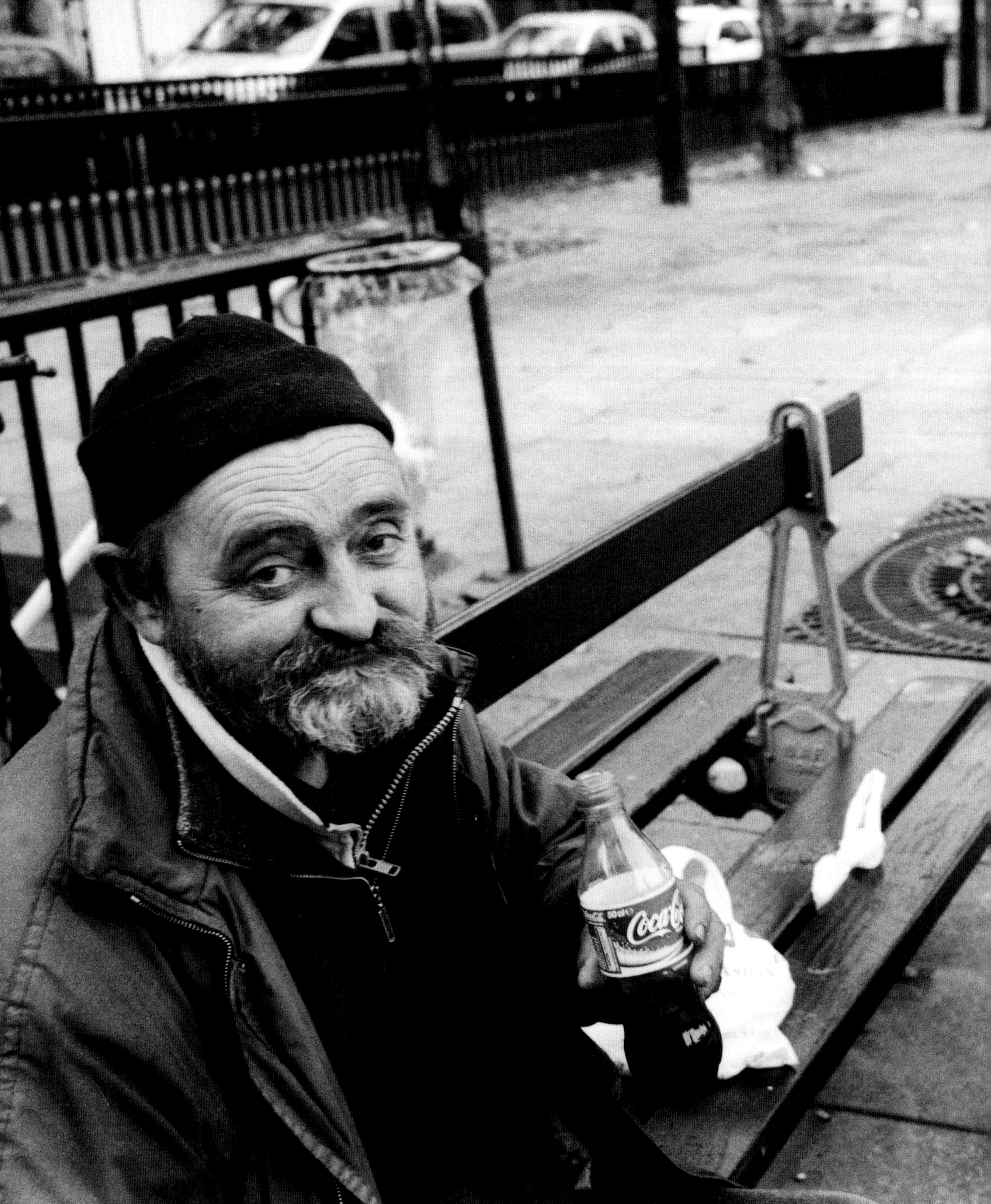

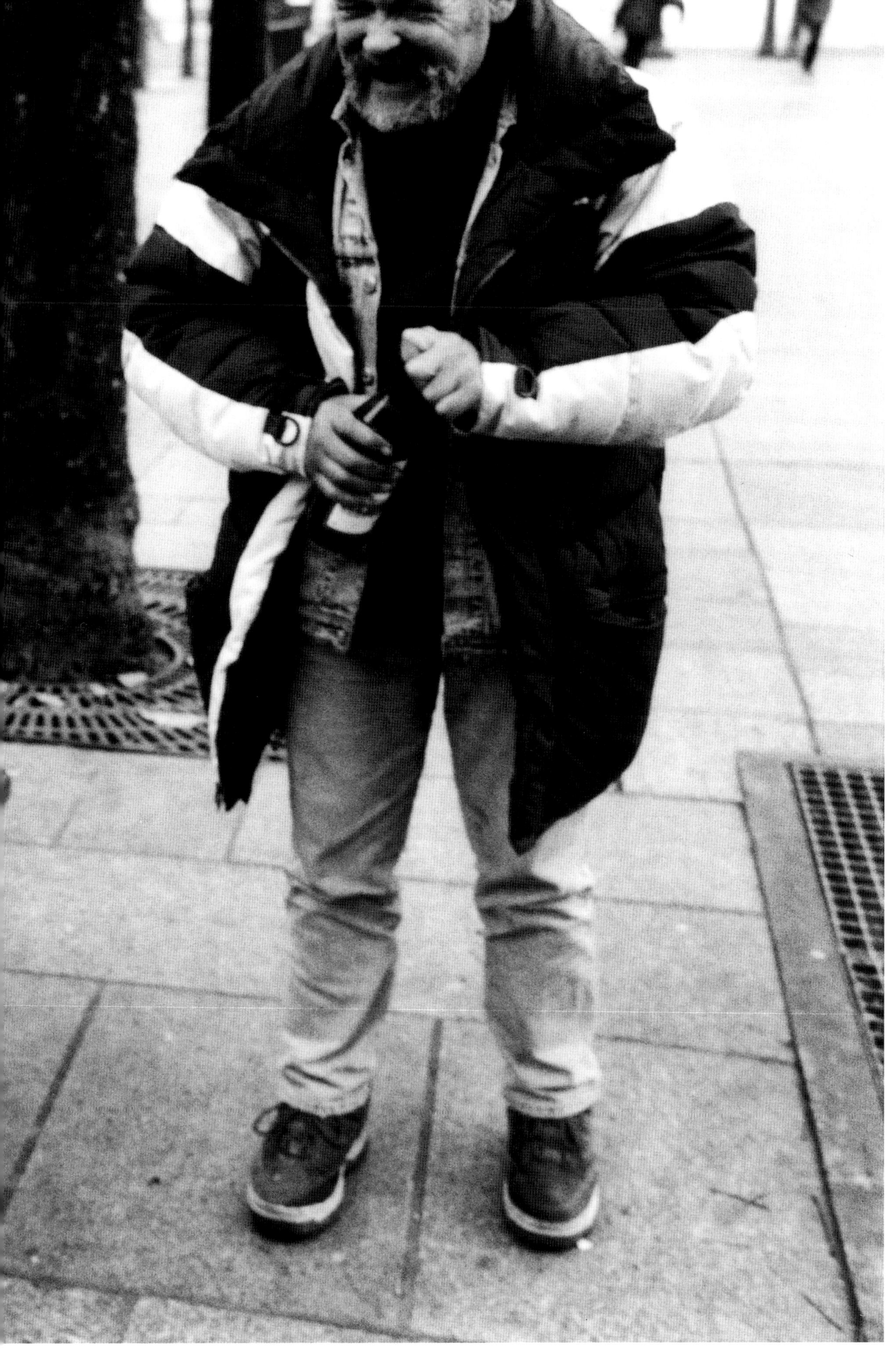

PLACE SAINT-SULPICE, PARIS, NOVEMBER 2003

PARIS, SEPTEMBER 2003

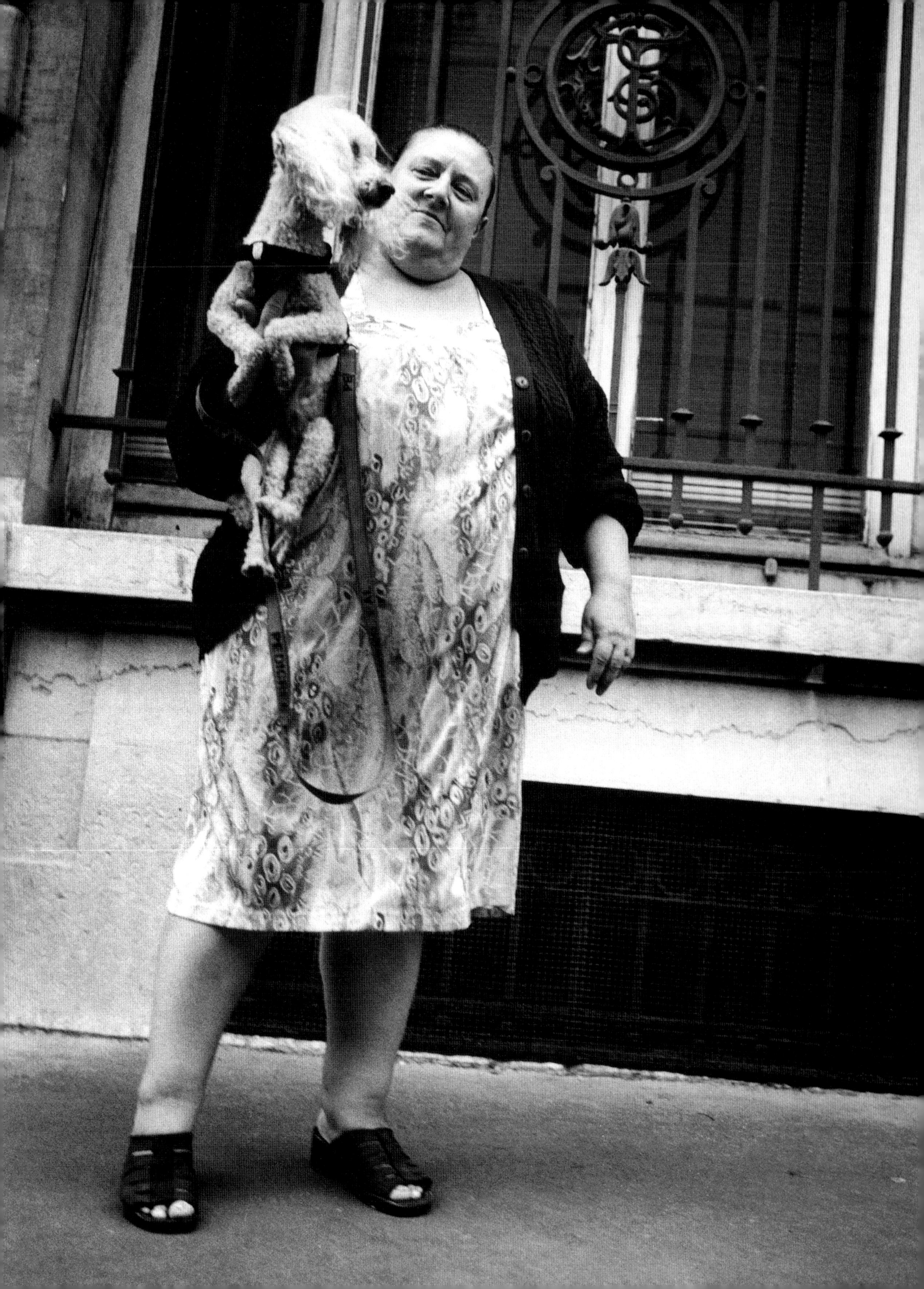

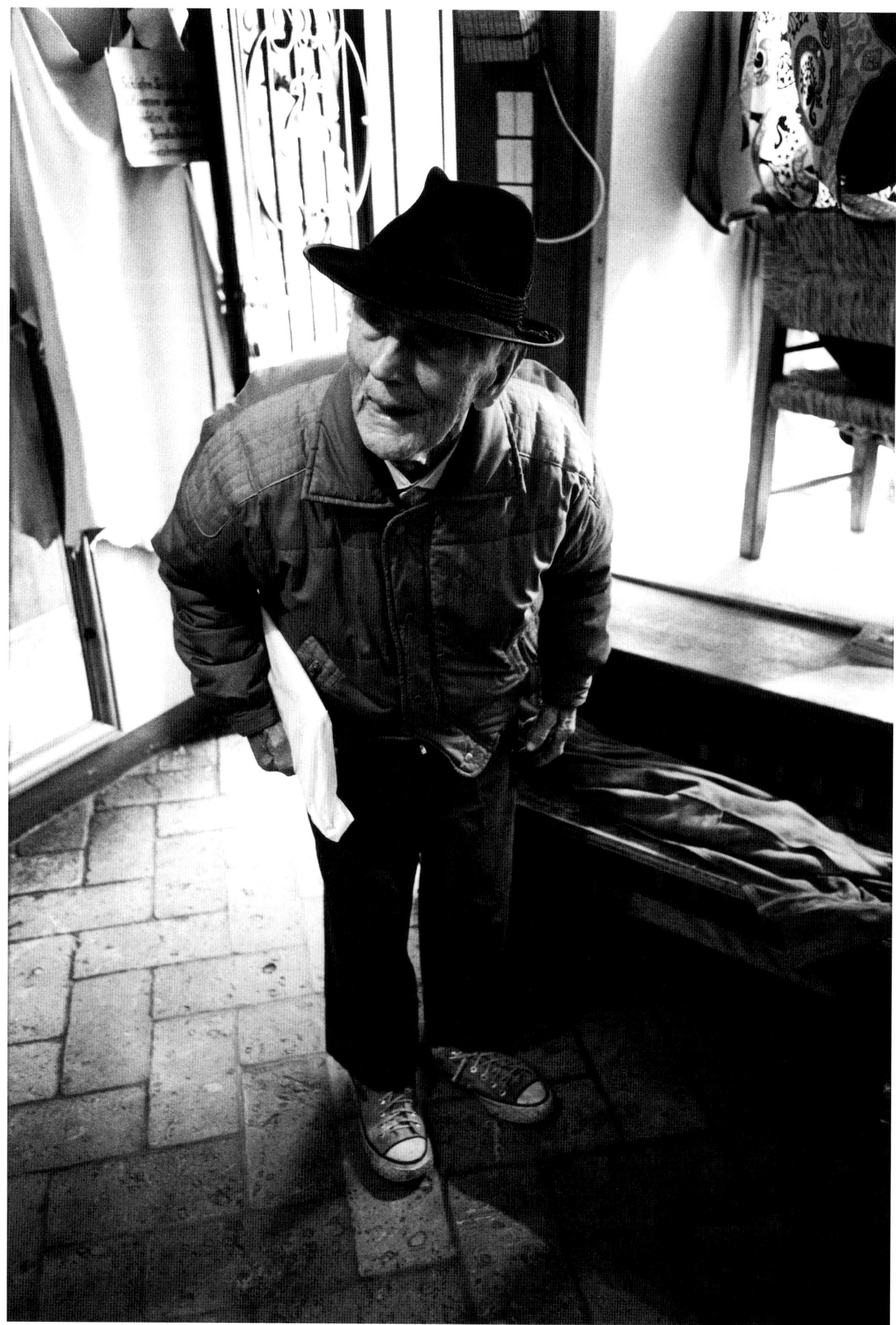

PARIS, APRIL 1998

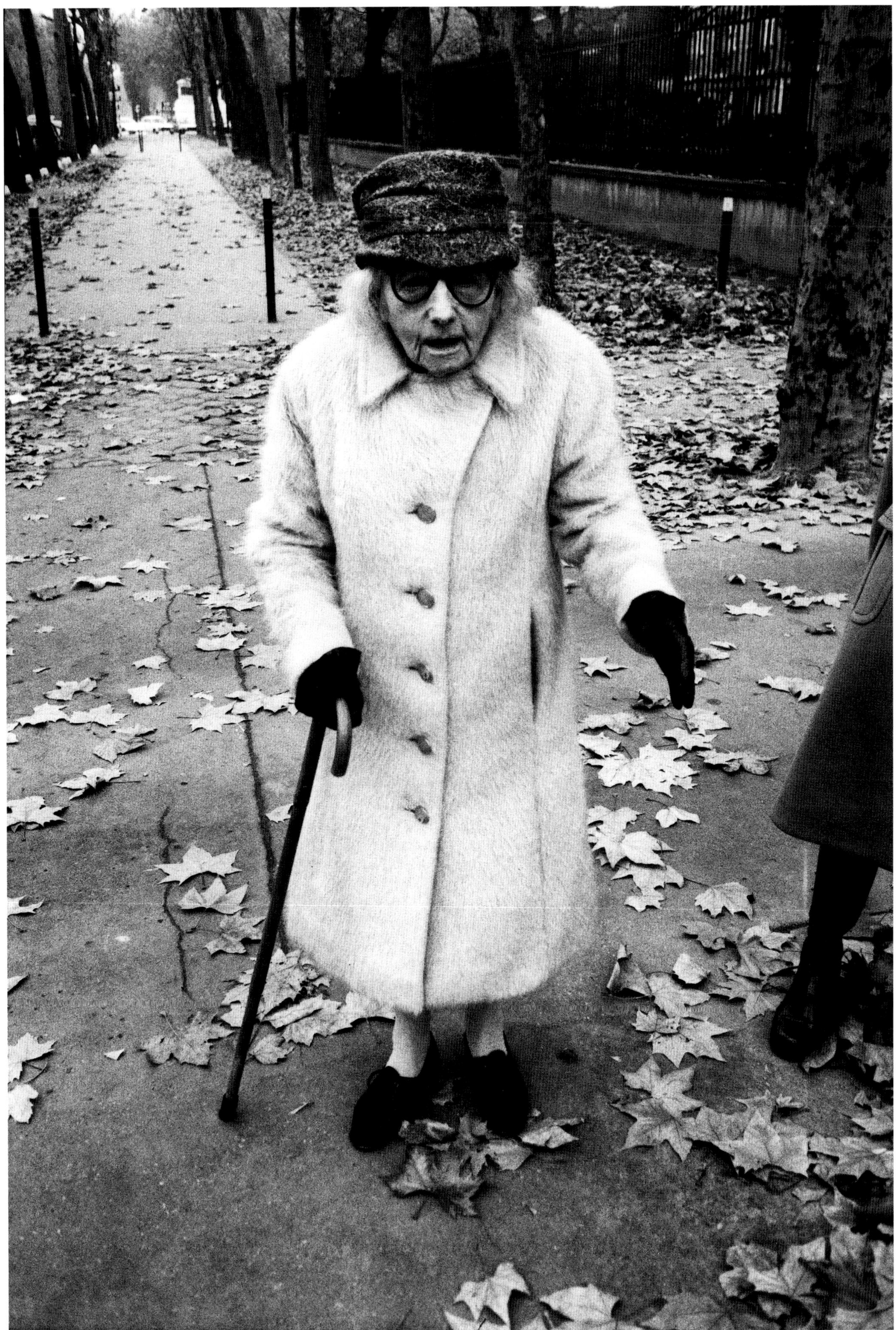

NEUILLY, NOVEMBER 1981

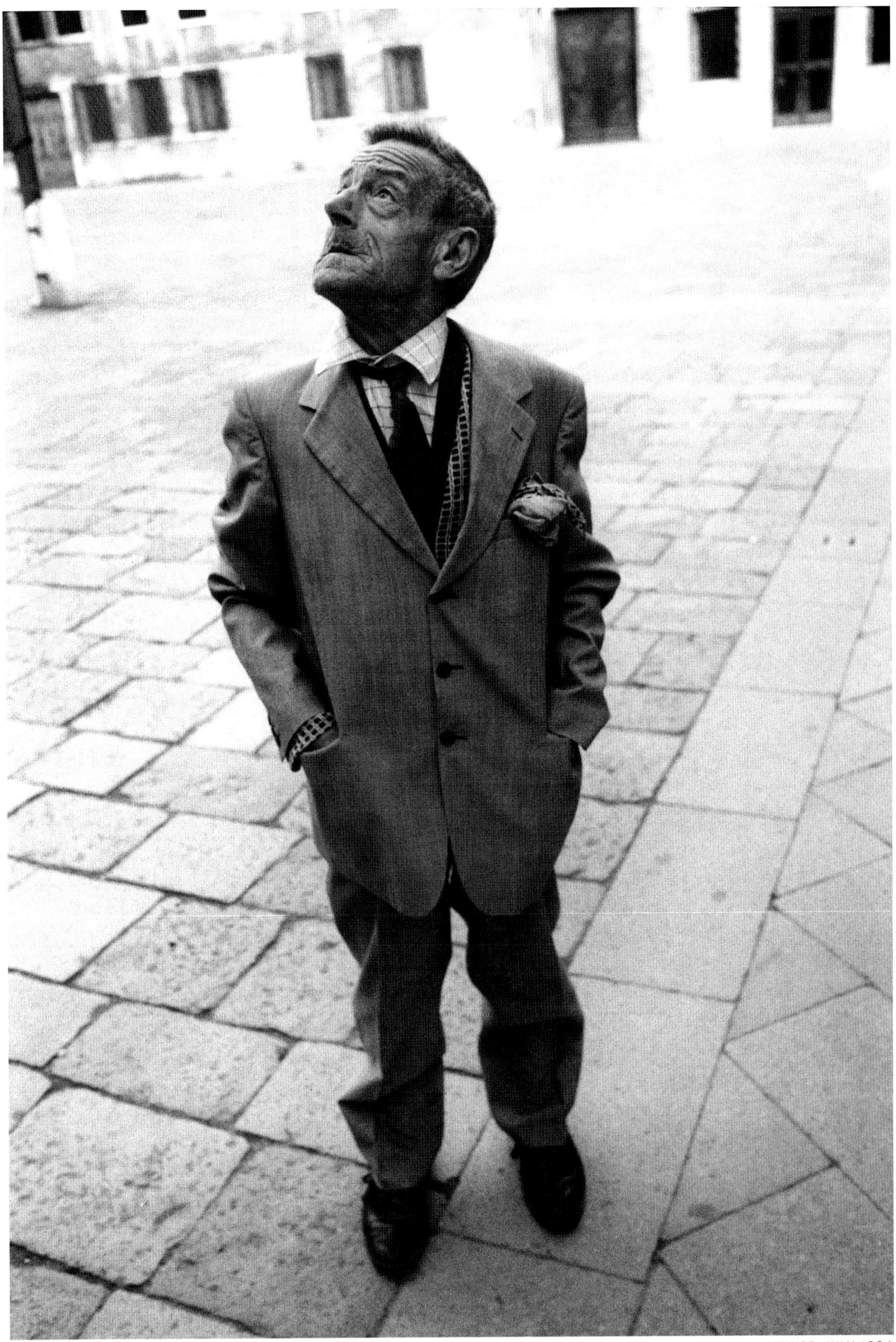

VENICE, JULY 1994

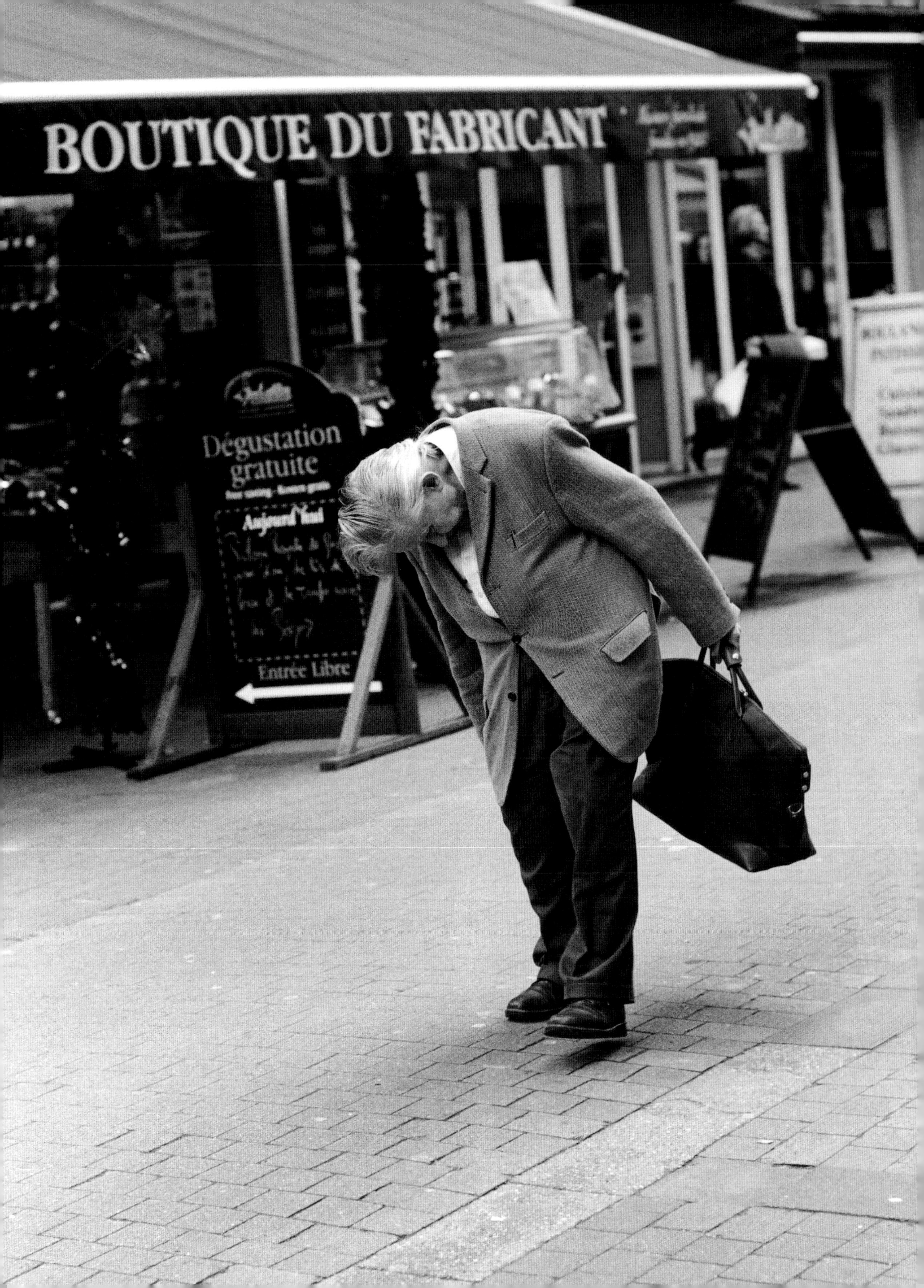

BOUTIQUE DU FABRICANT
Dégustation
gratuite
Aujourd'hui
Entrée Libre

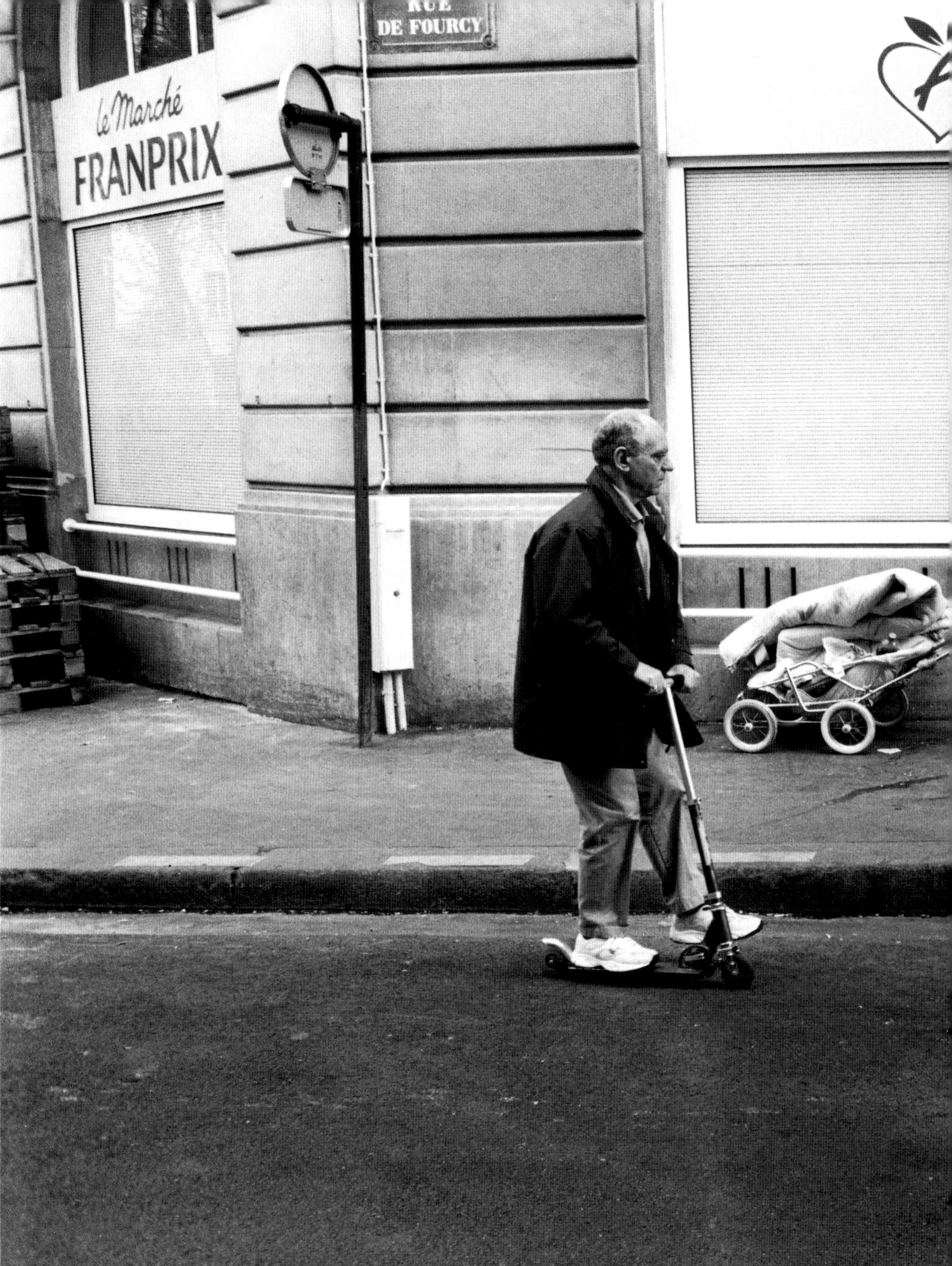

le Marché
FRANPRIX
RUE
DE FOURCY

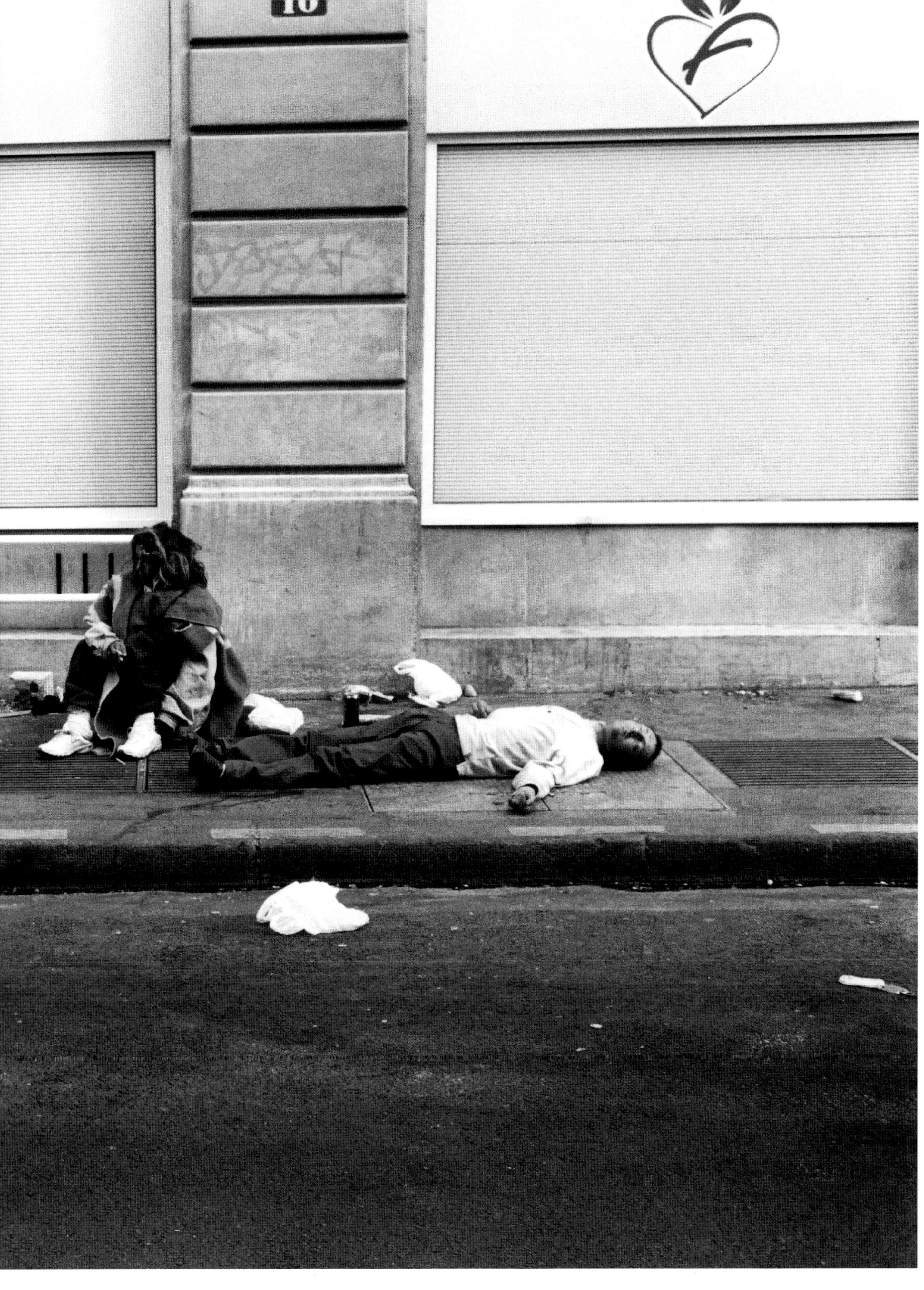

RUE DE FOURCY, JUNE 2003

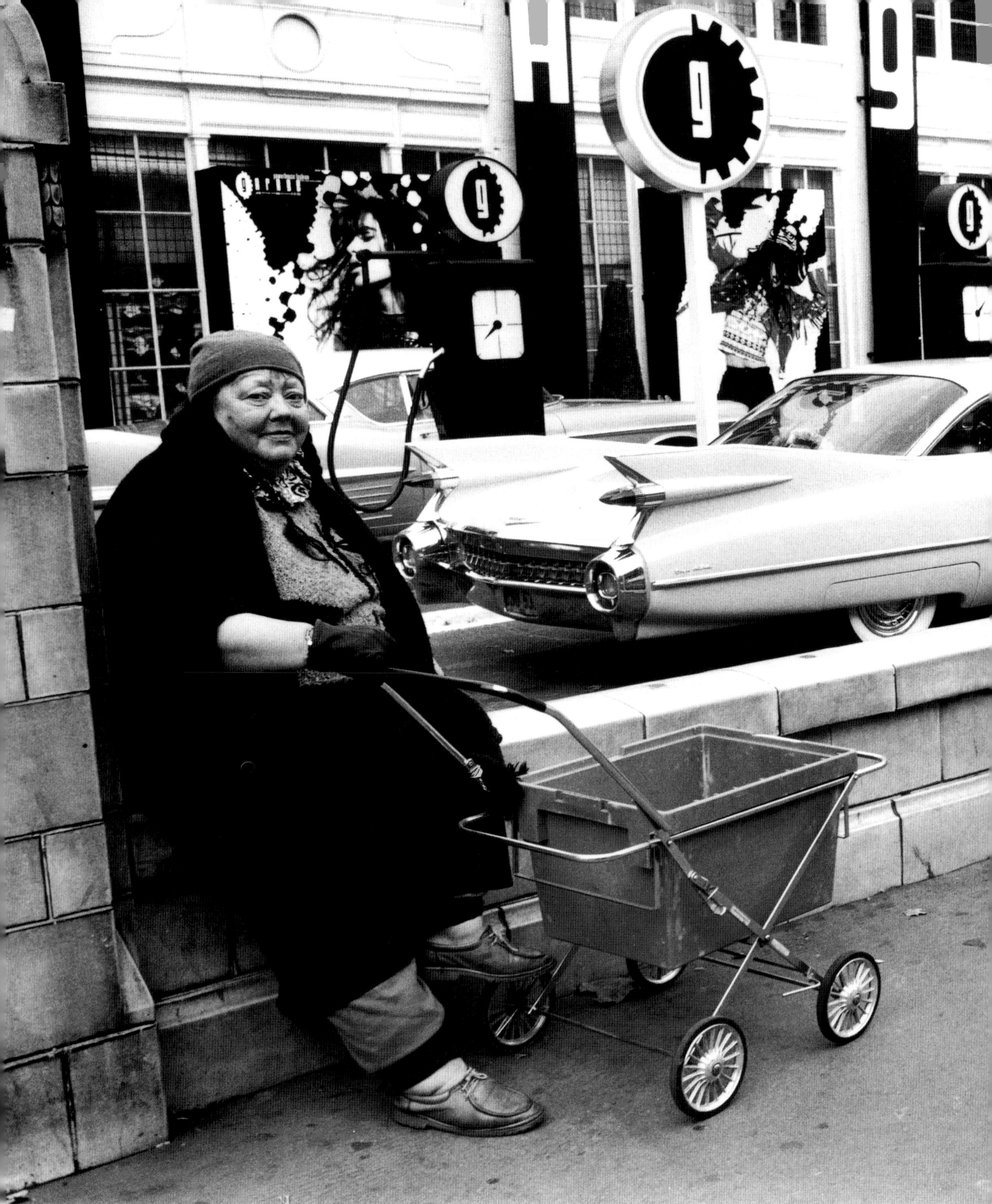

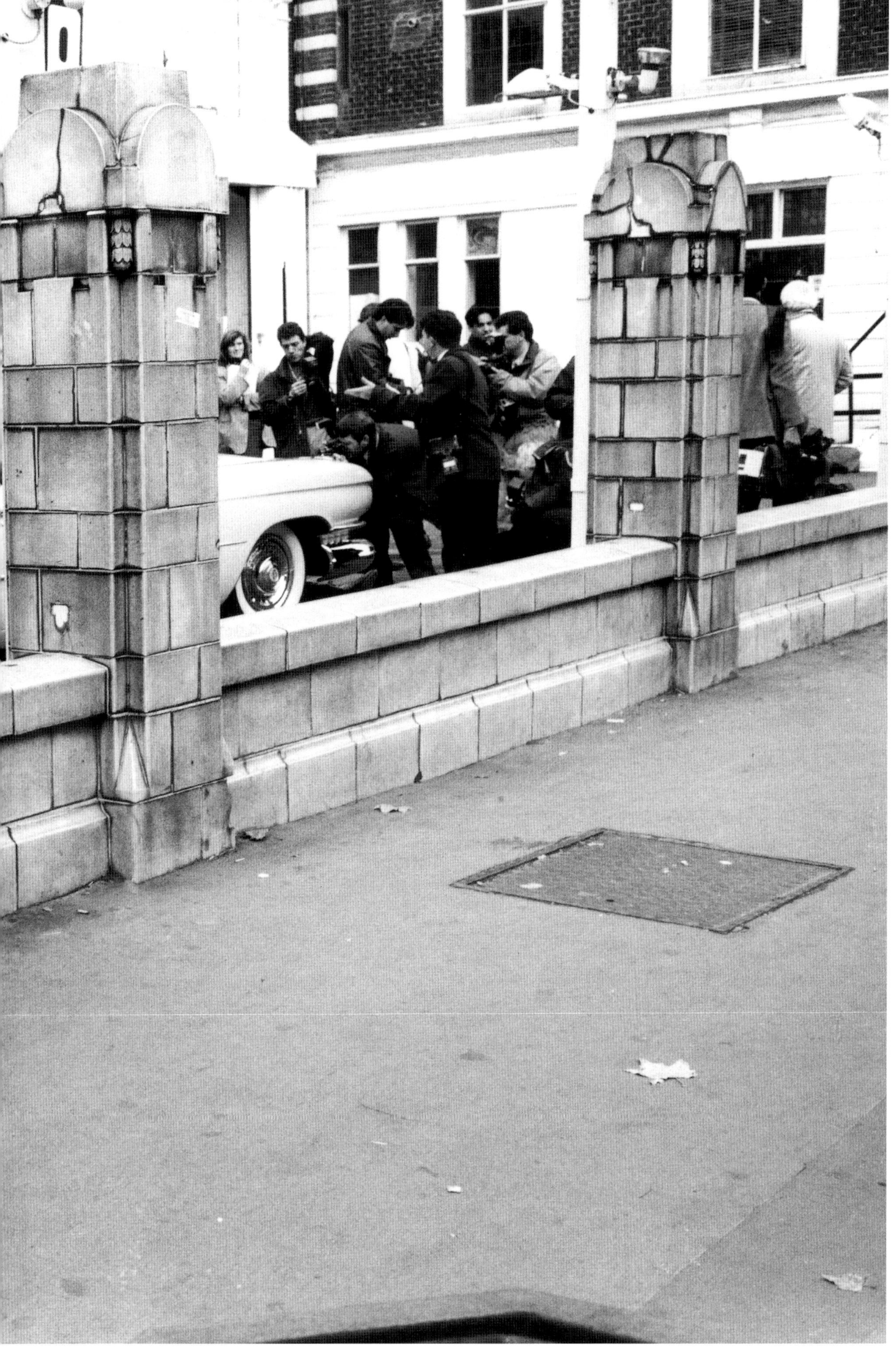

LONDON, OCTOBER 1990

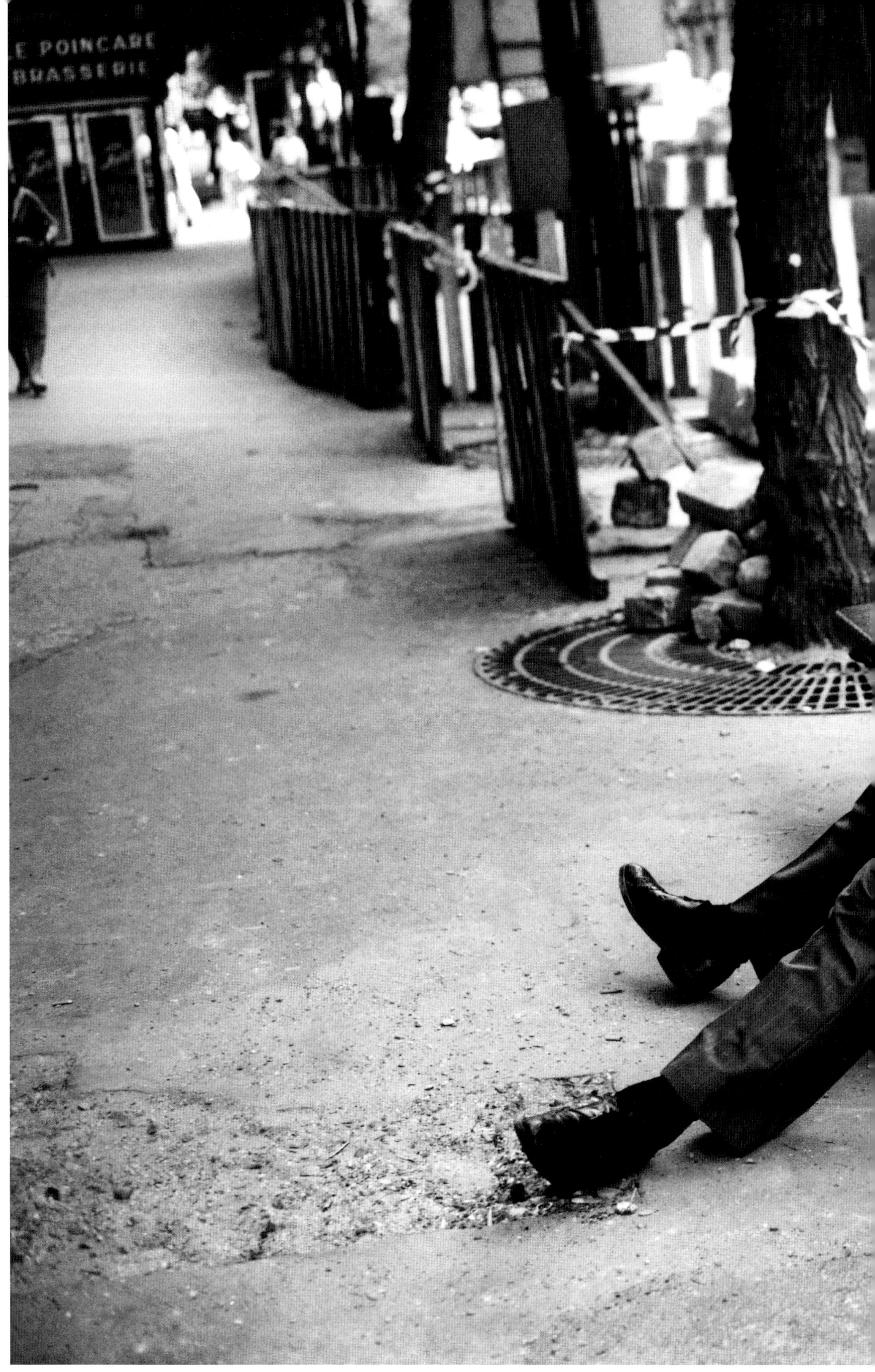

PARIS, MAY 1989

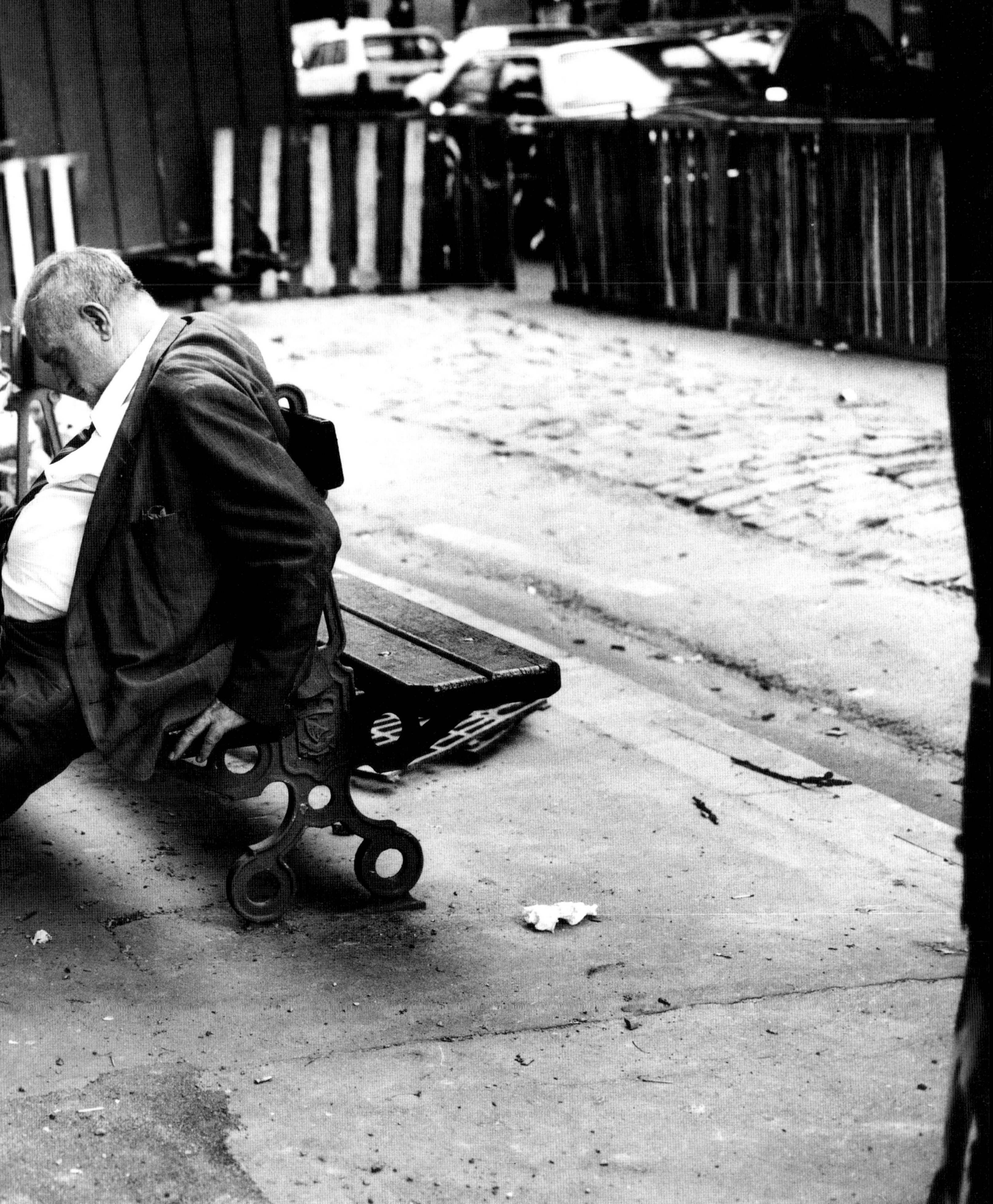

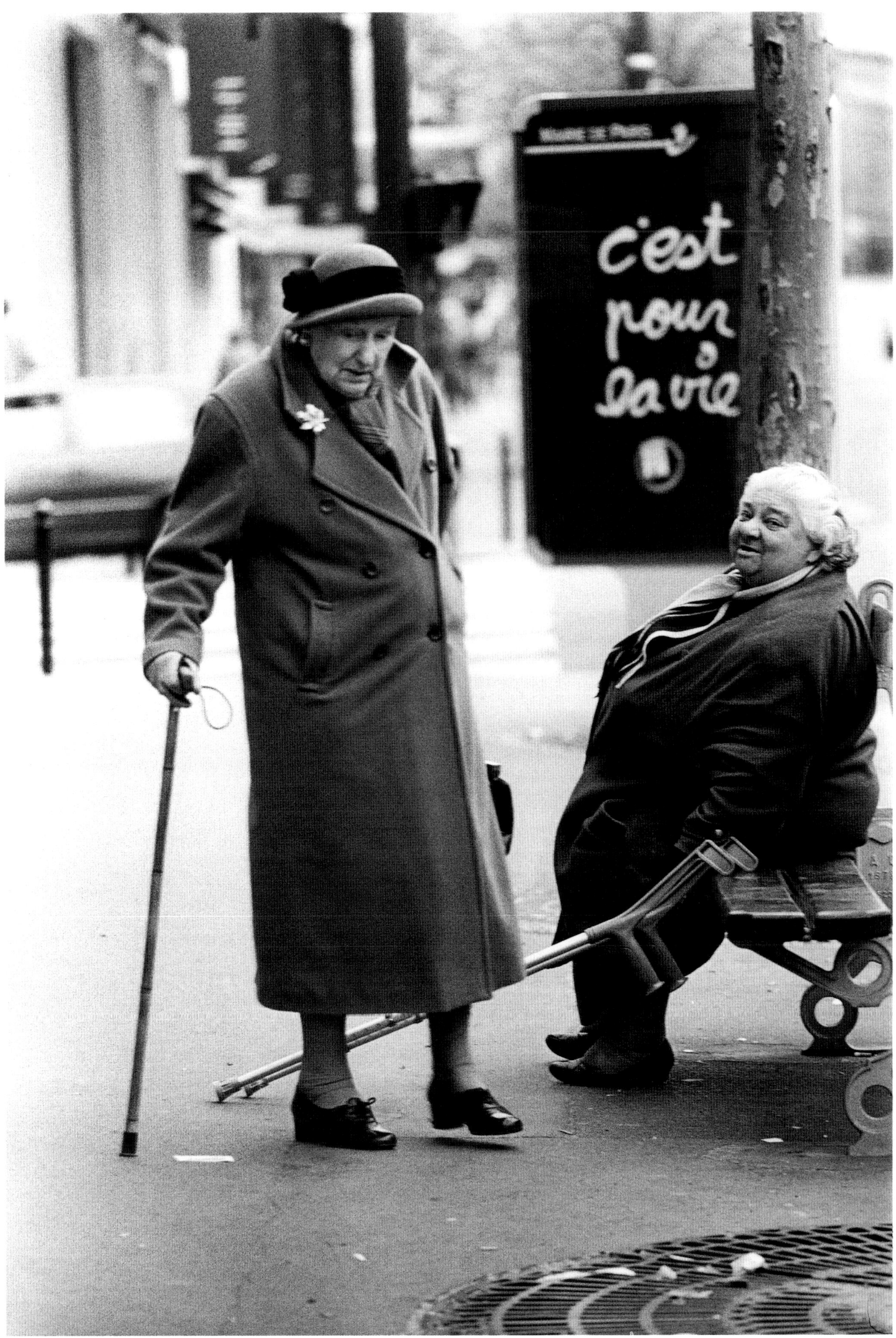

PARIS, APRIL 1995

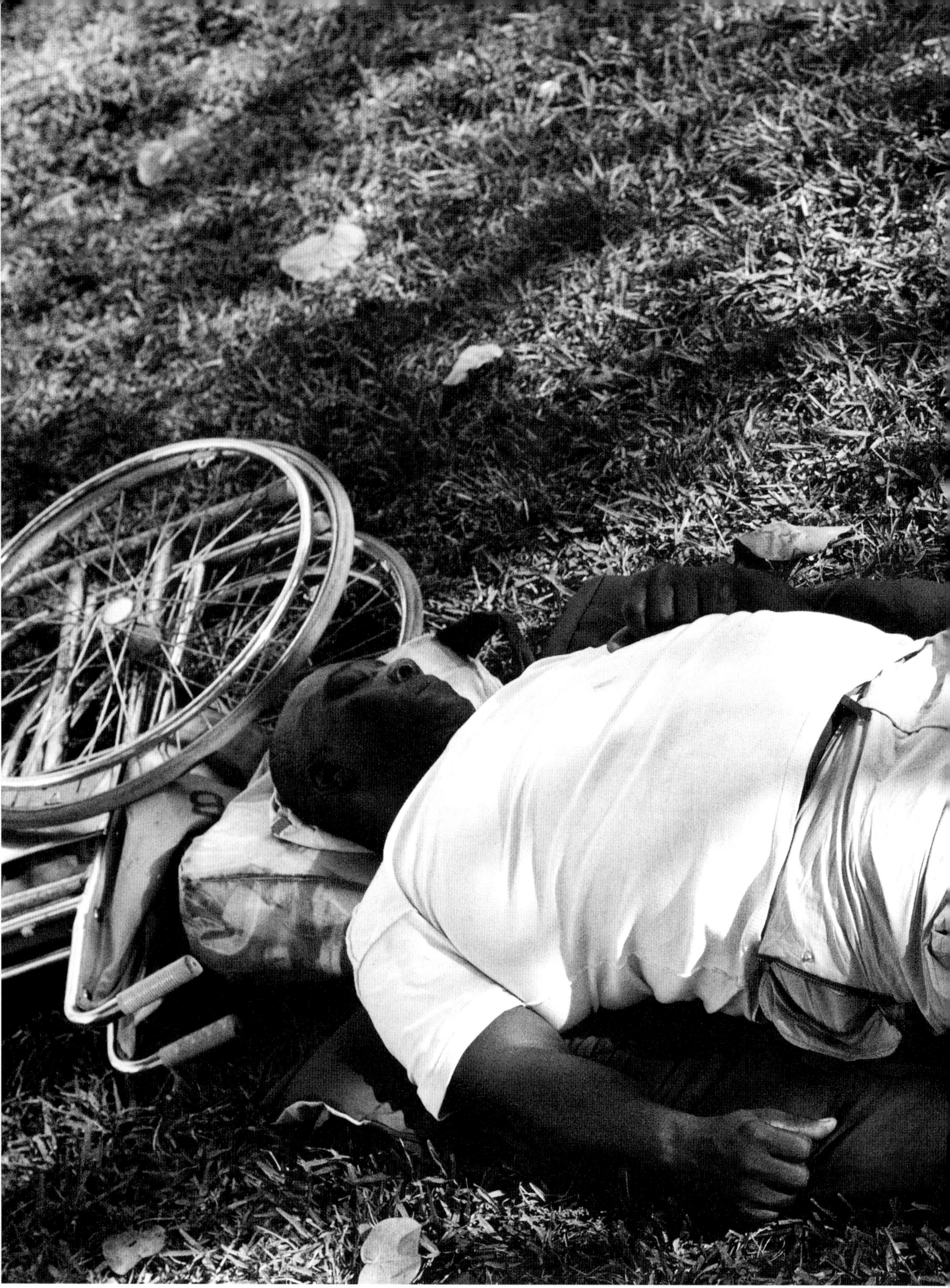

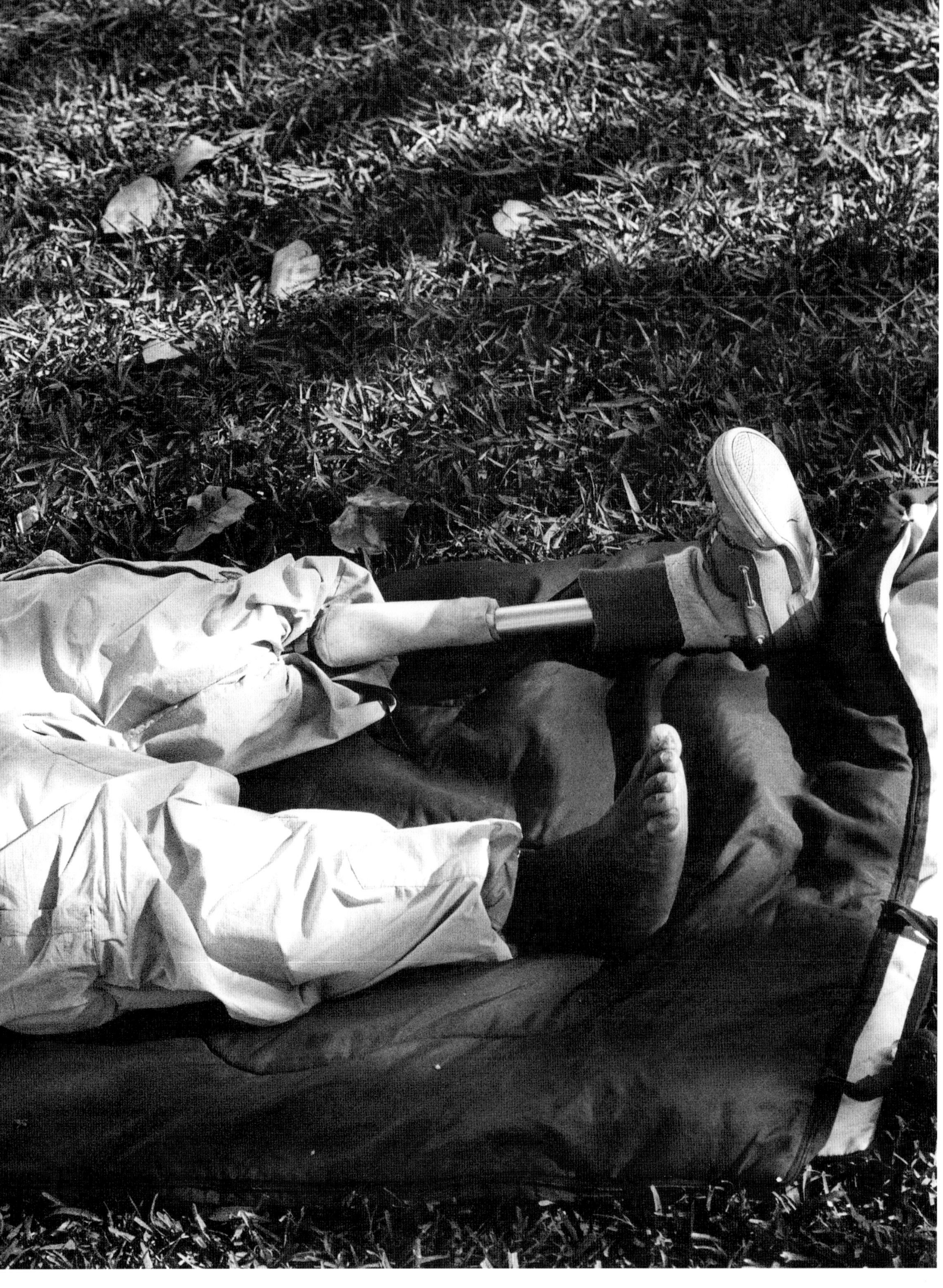

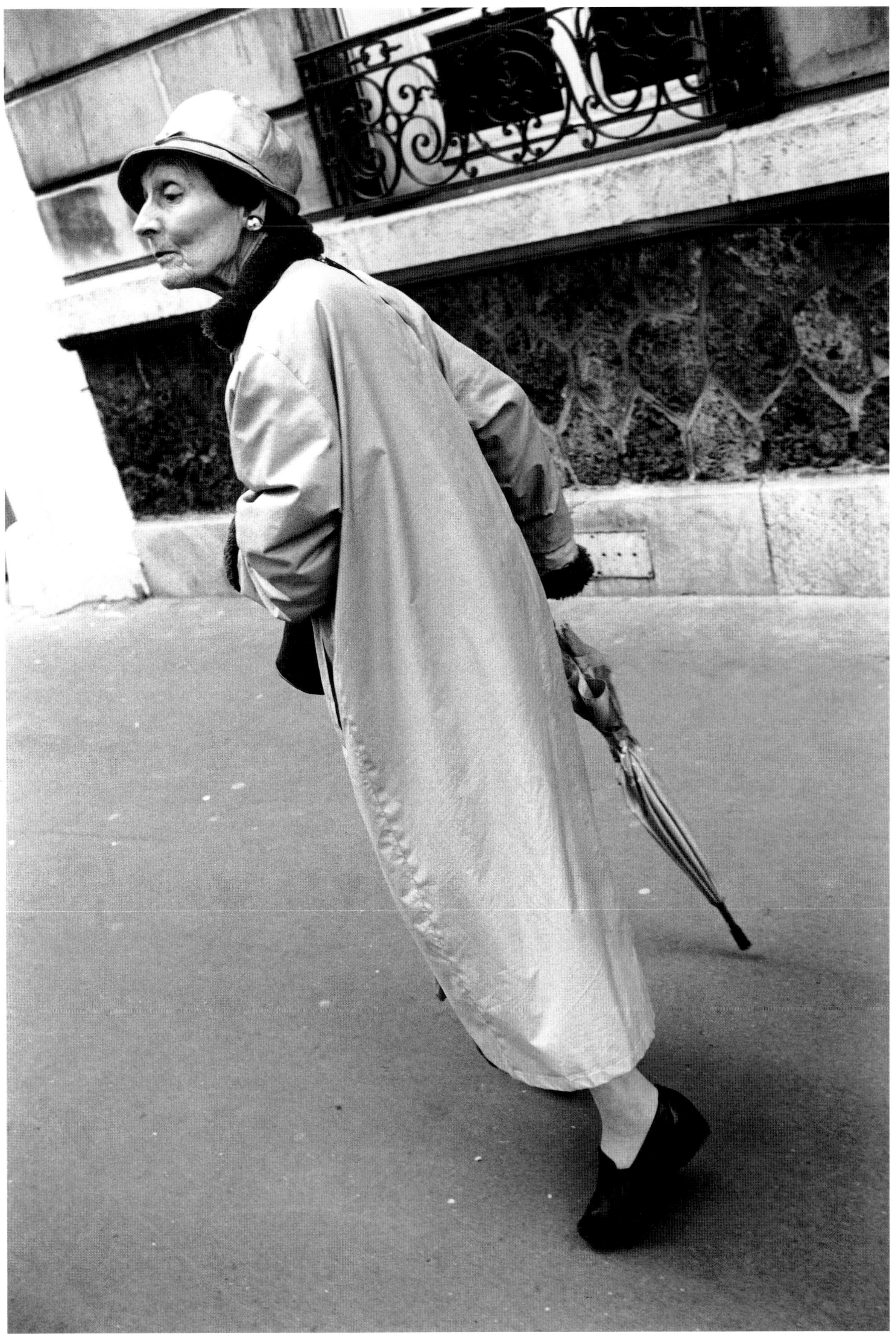

PARIS, APRIL 2003

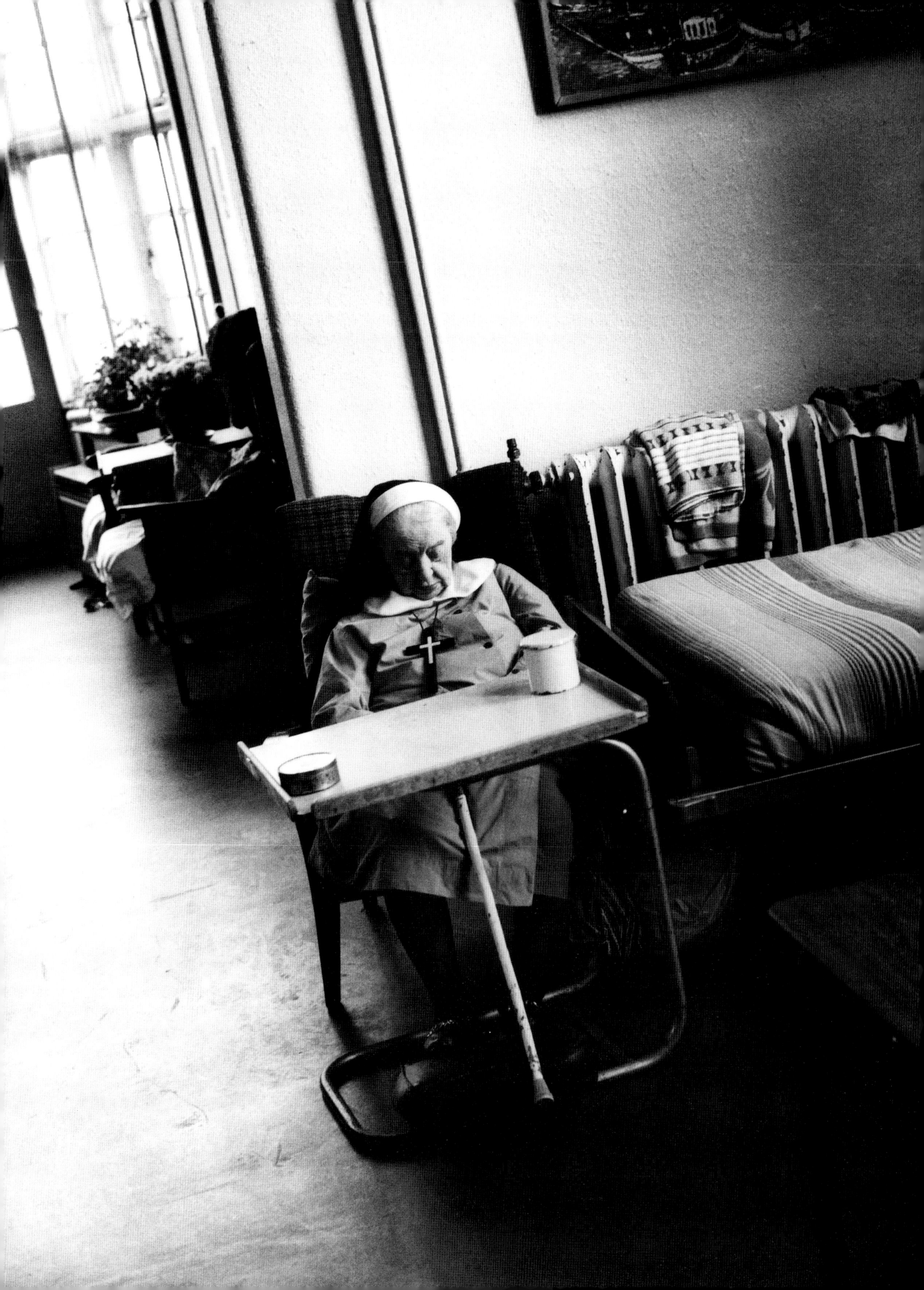

PARIS, JUNE 2003

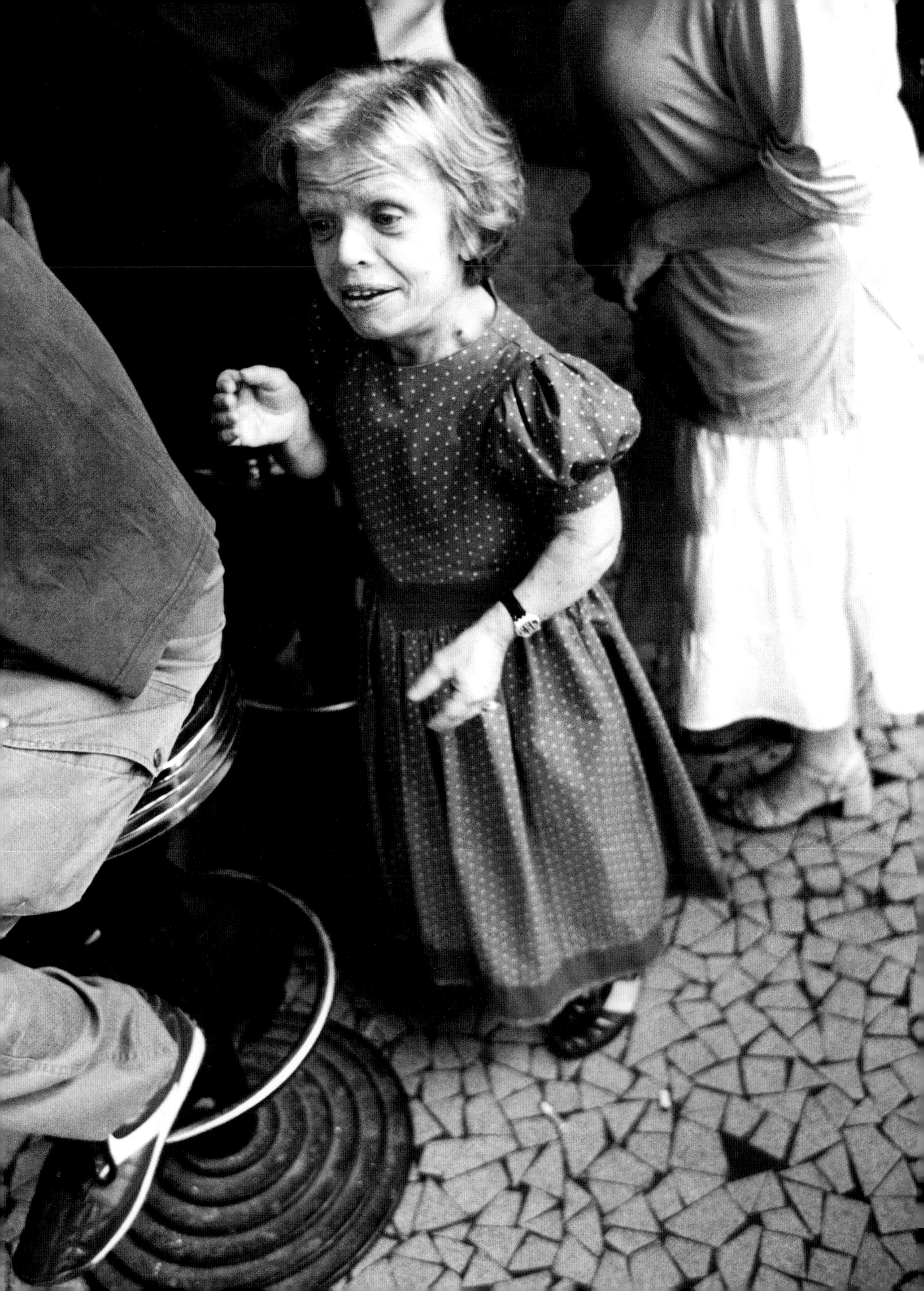

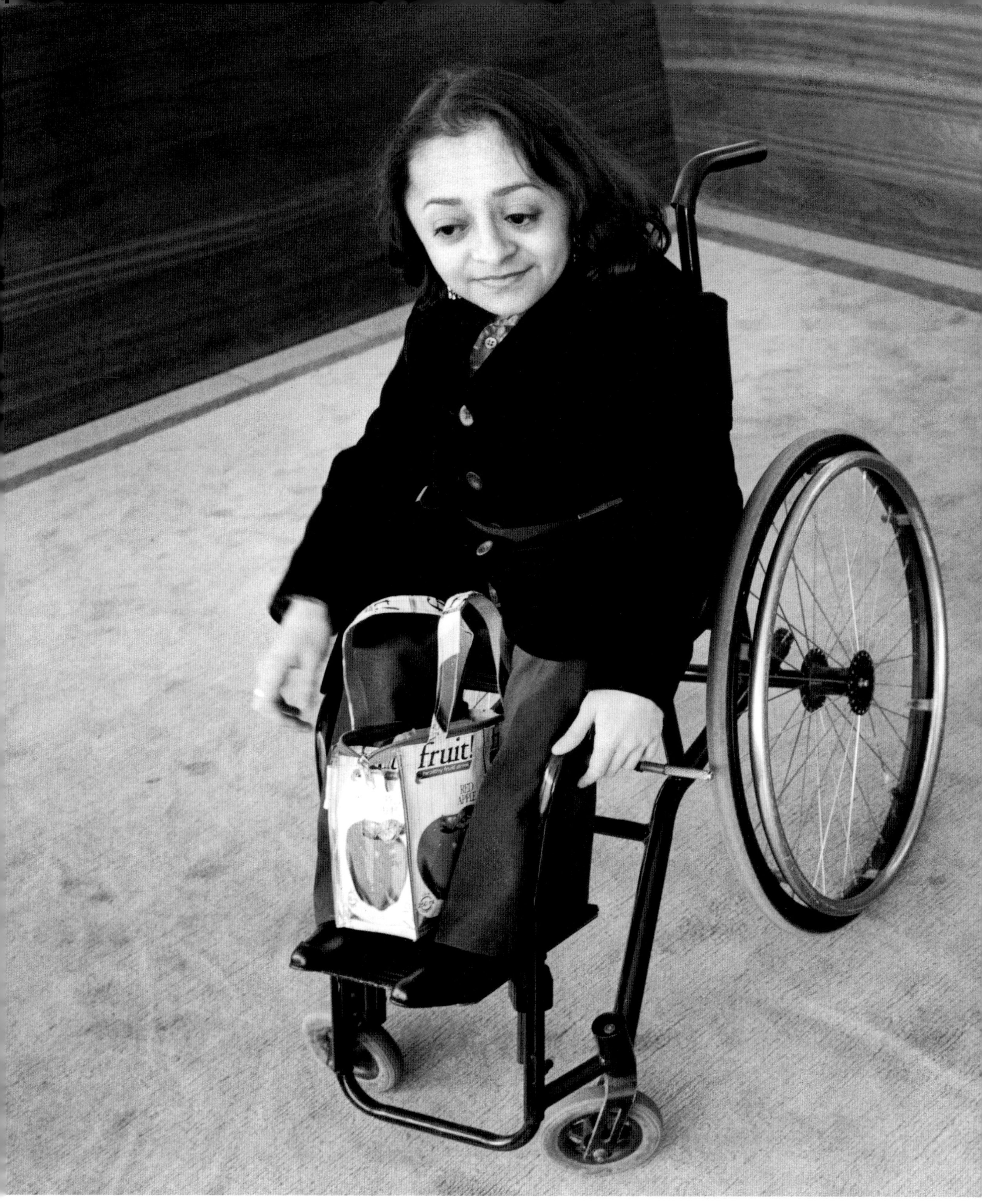
fruit!
twenty fruit prints
RED
APPLE

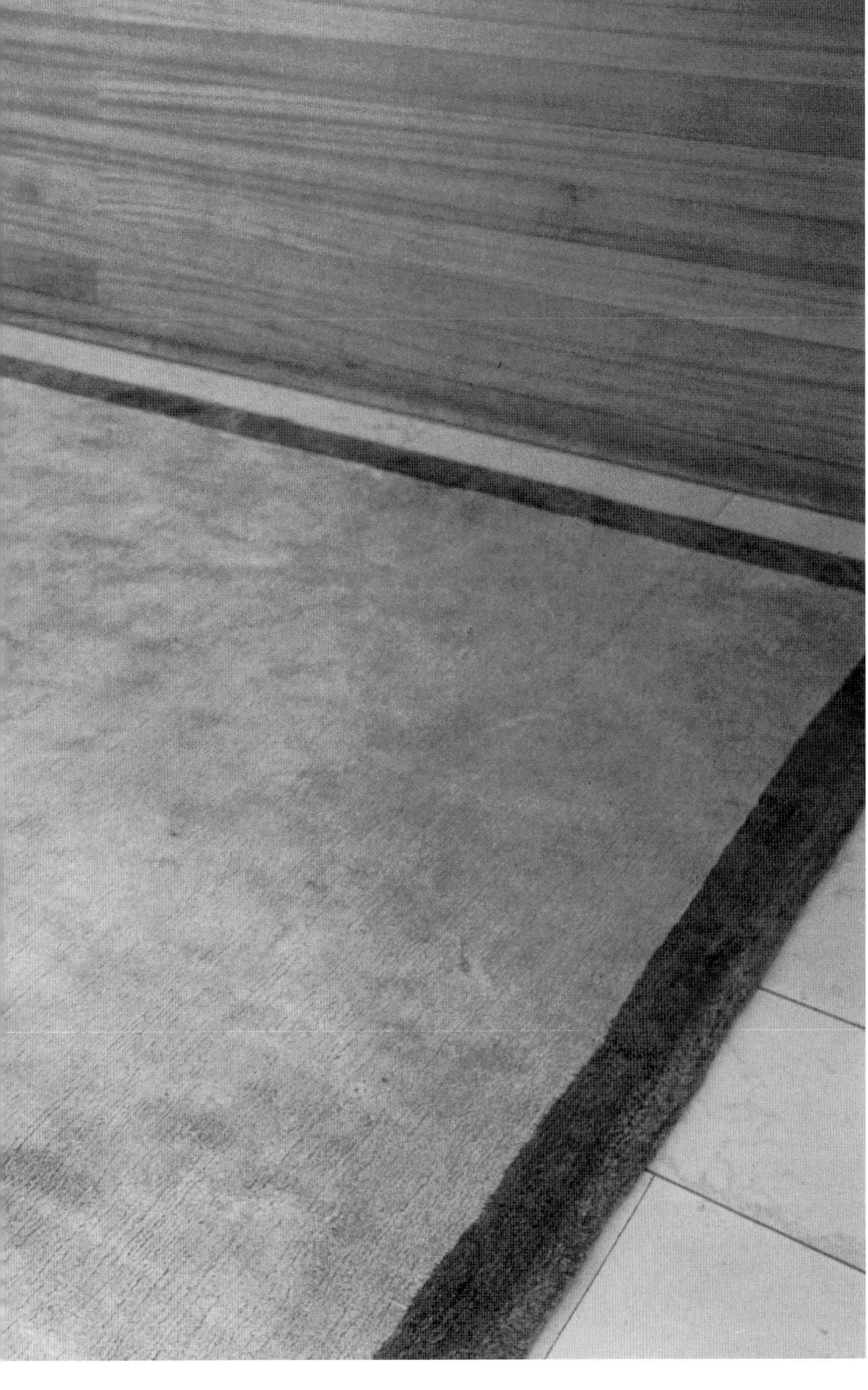

PARIS, MARCH 2003

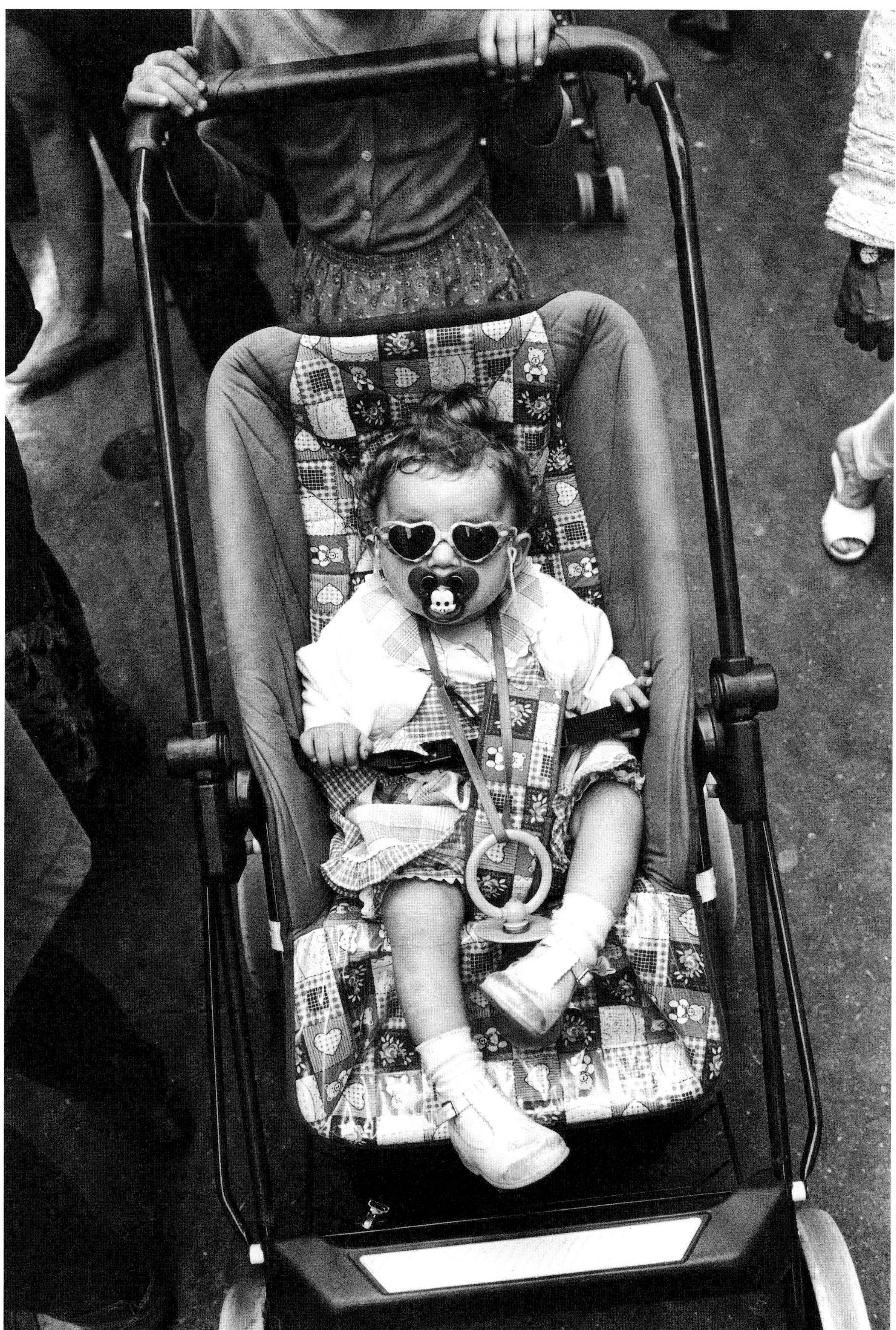

PARIS, MAY 1992

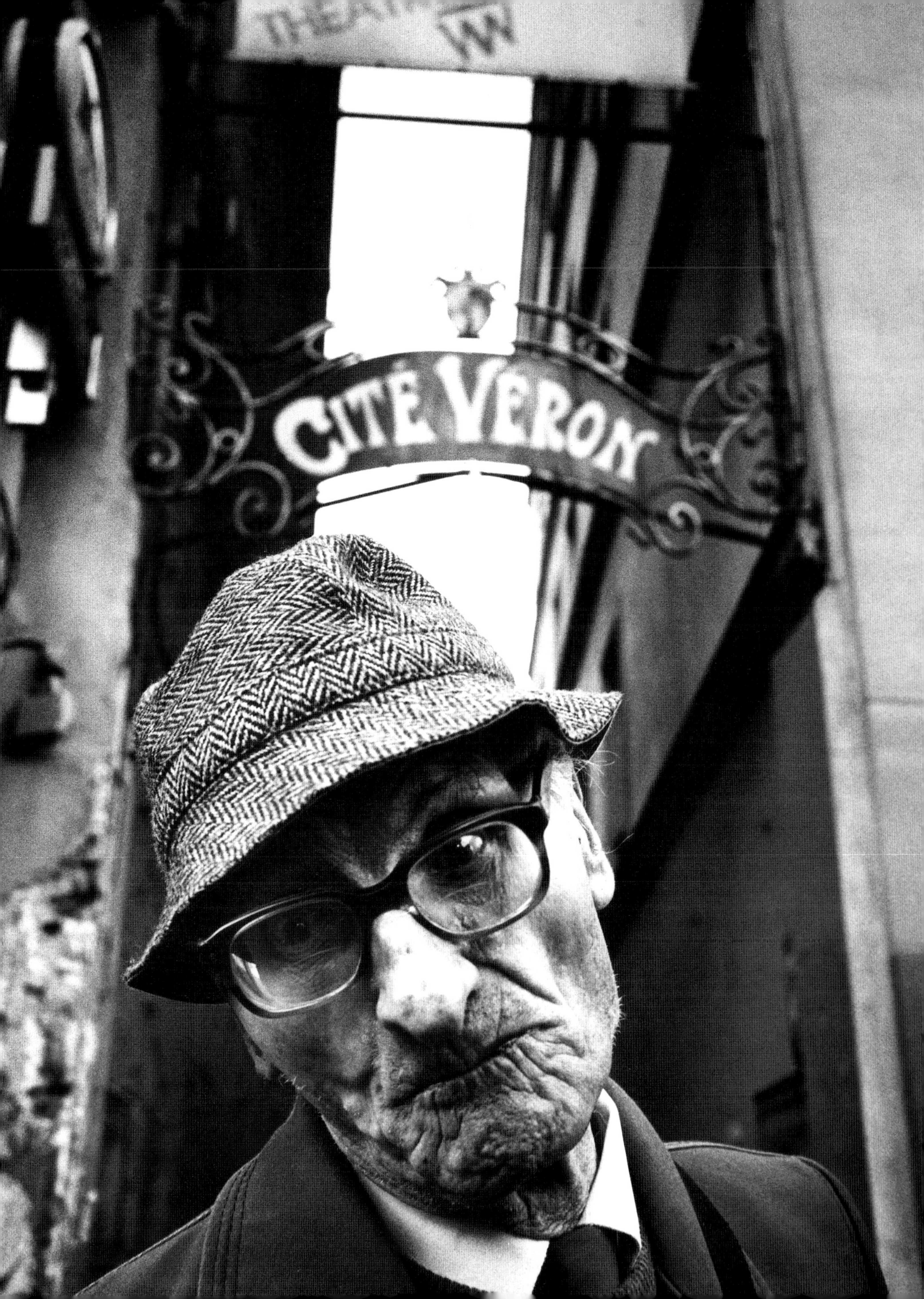

CITÉ VERON

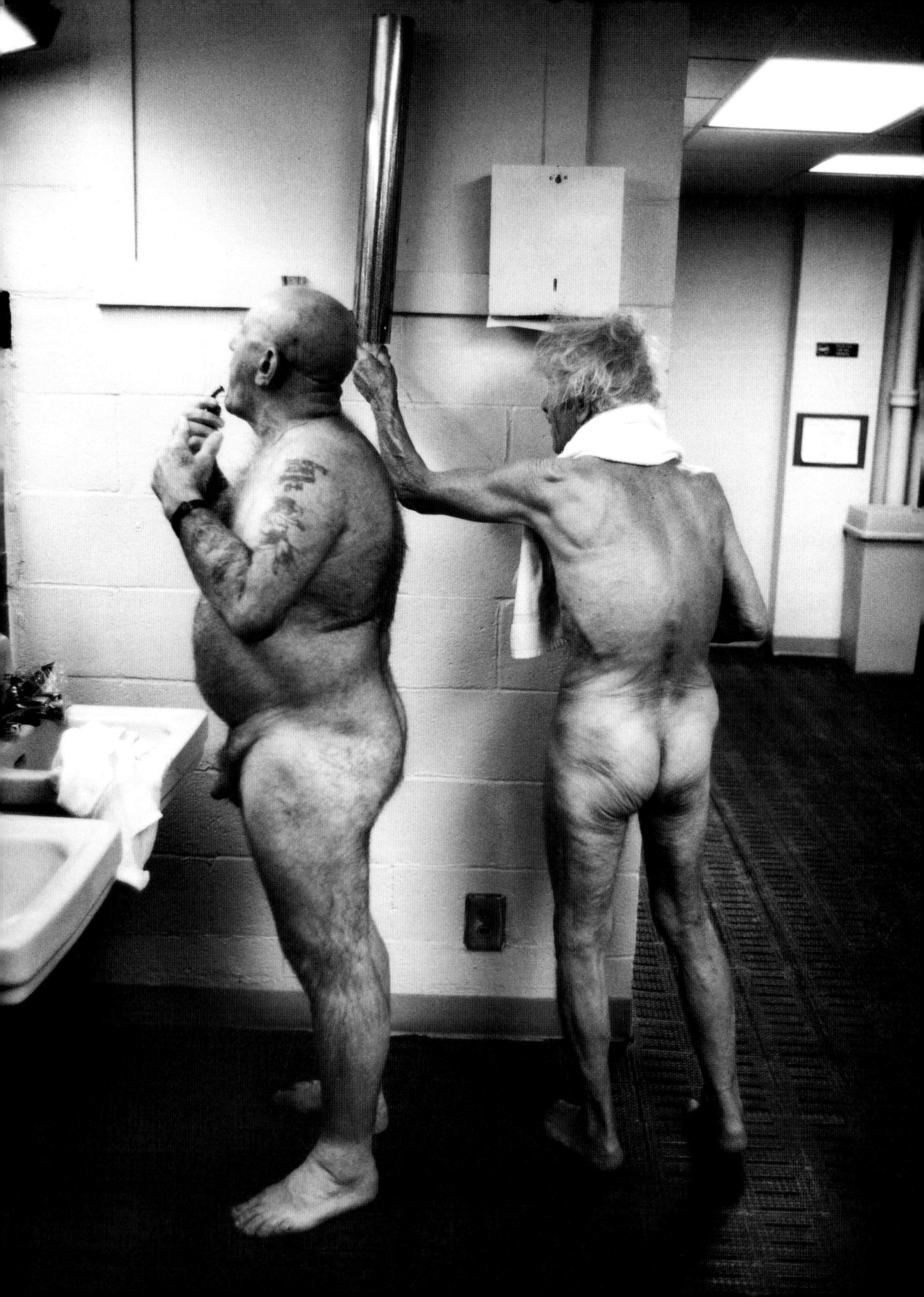

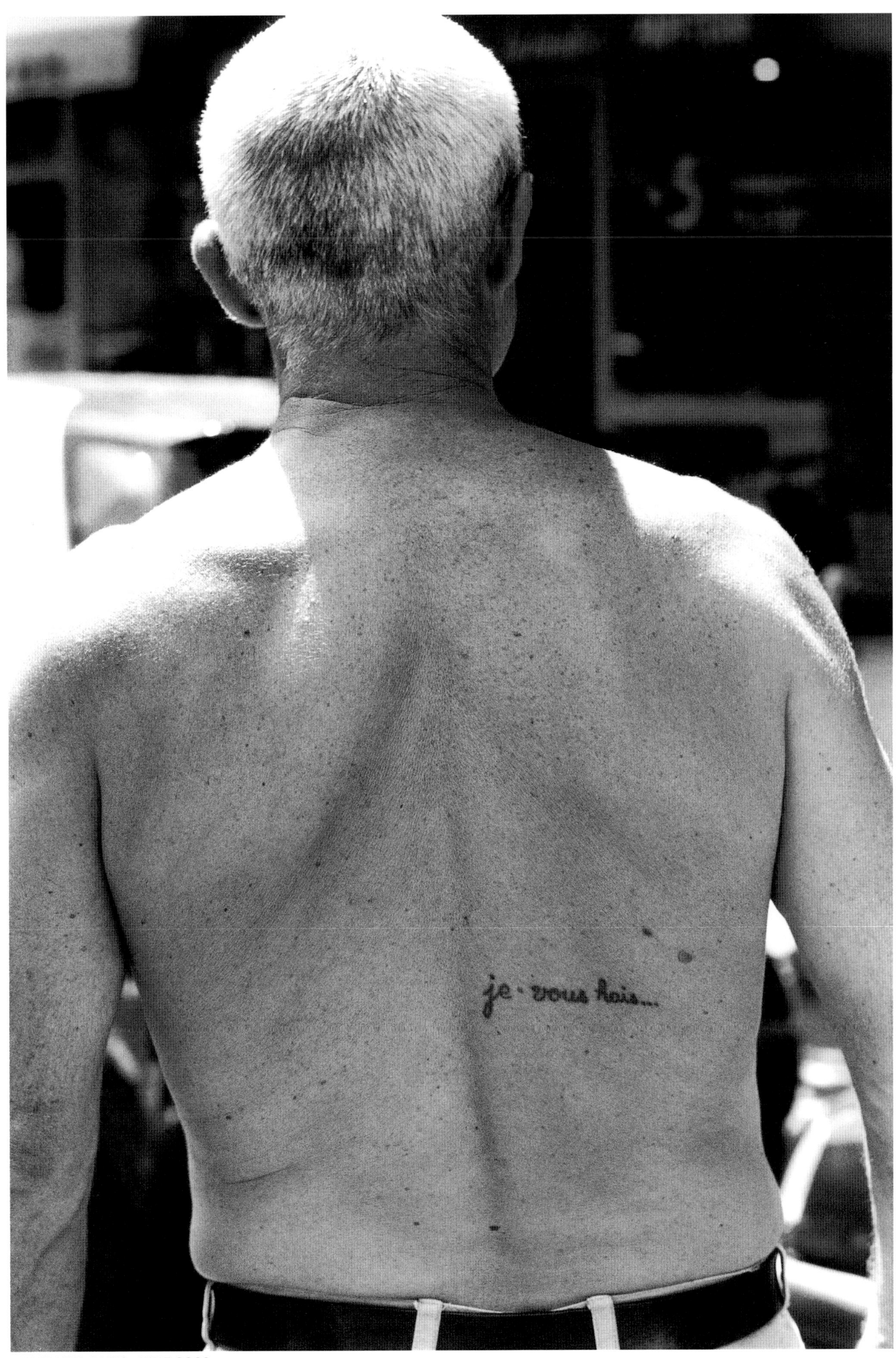

I HATE YOU, PARIS, JUNE 2003
ATLANTA, JANUARY 1989

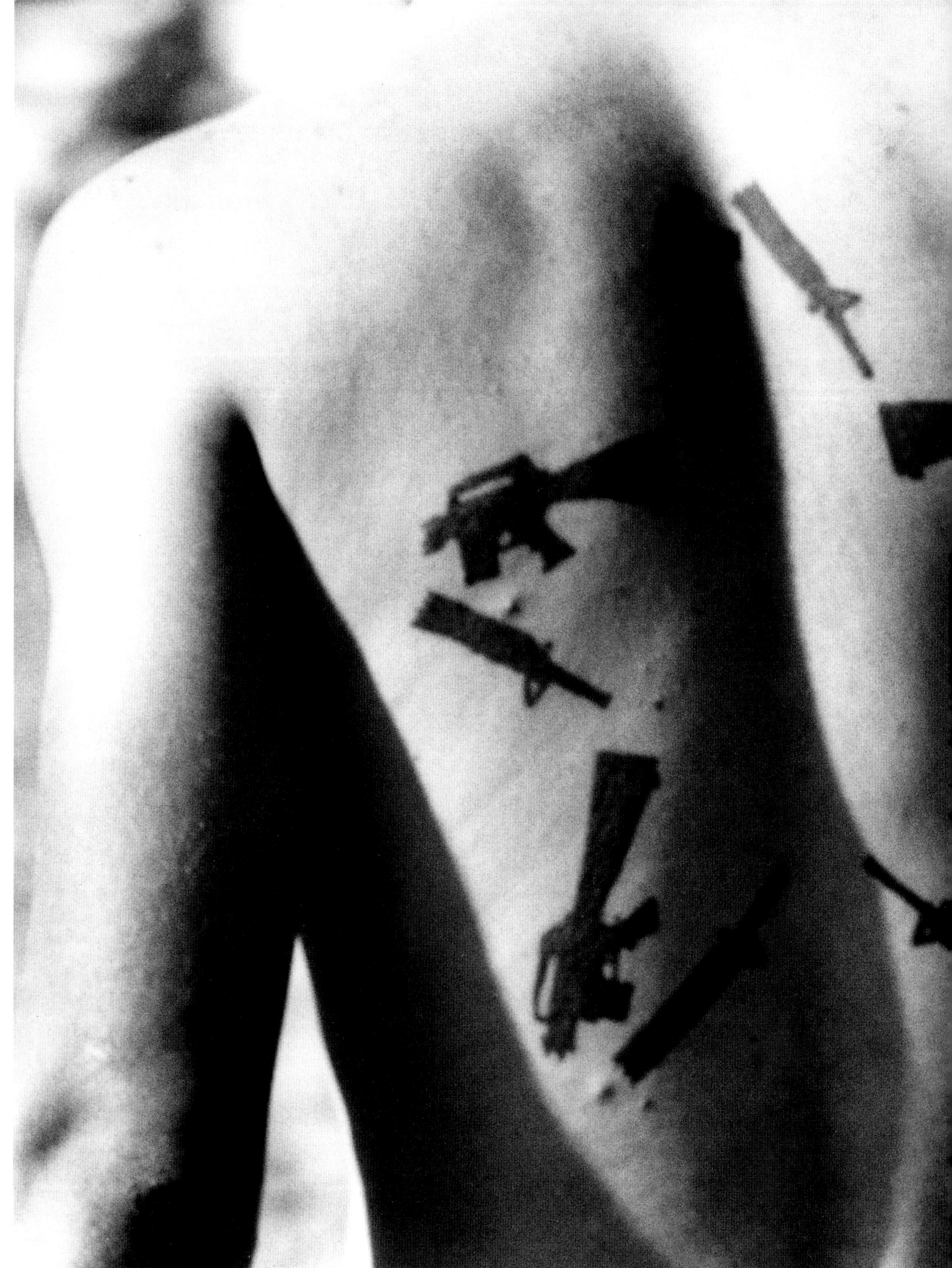

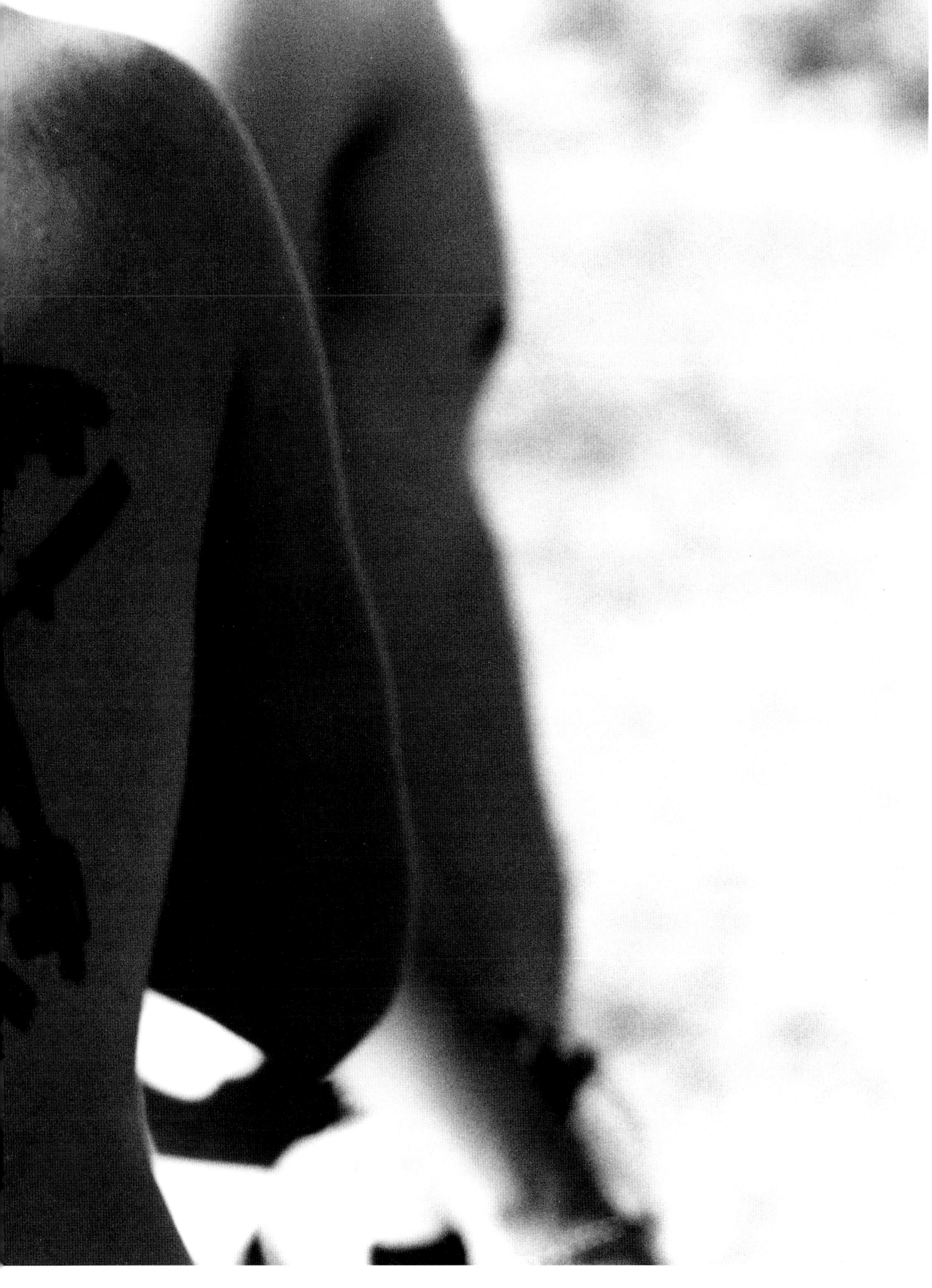

MIAMI, MARCH 2004

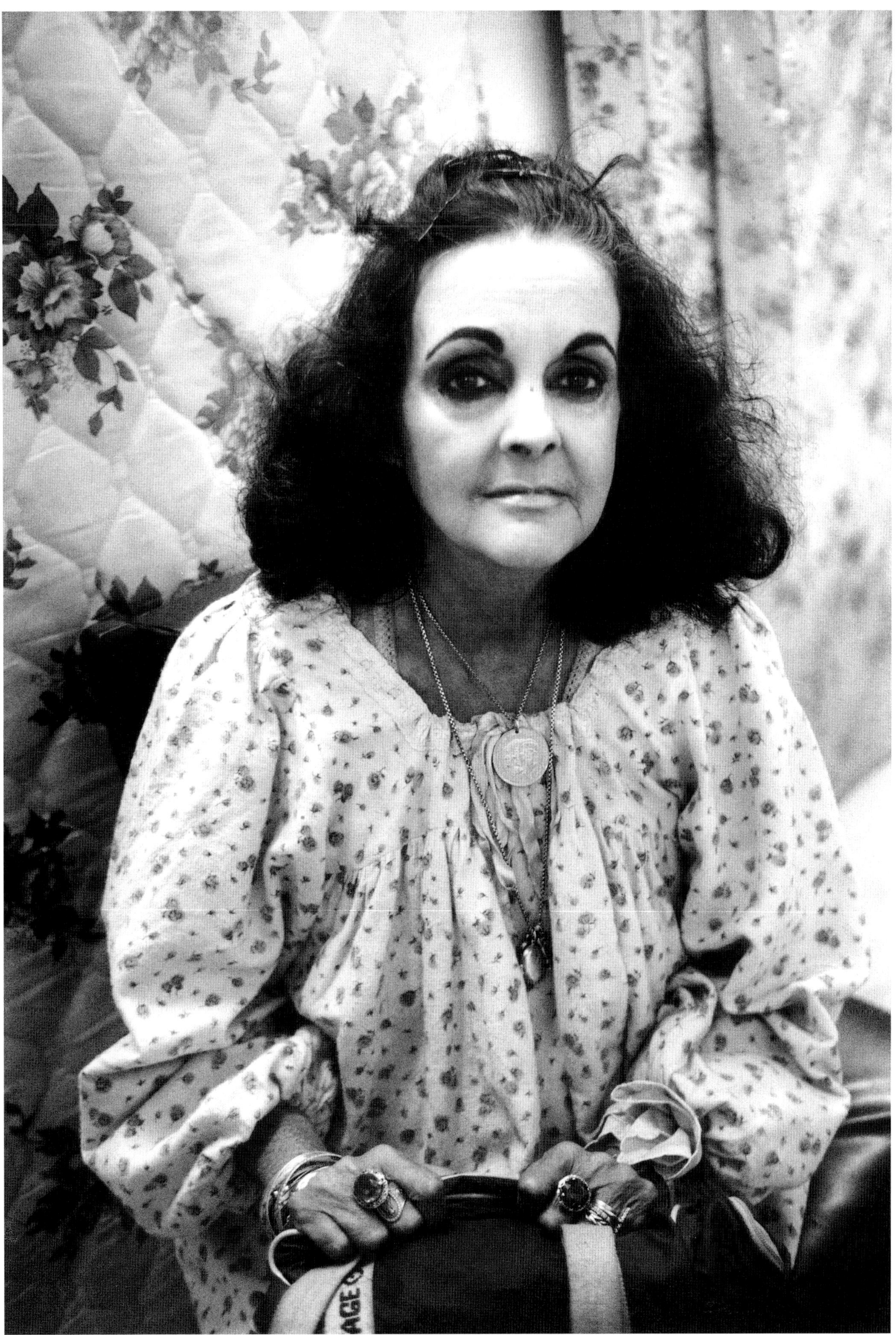

CALCUTTA, JANUARY 1988

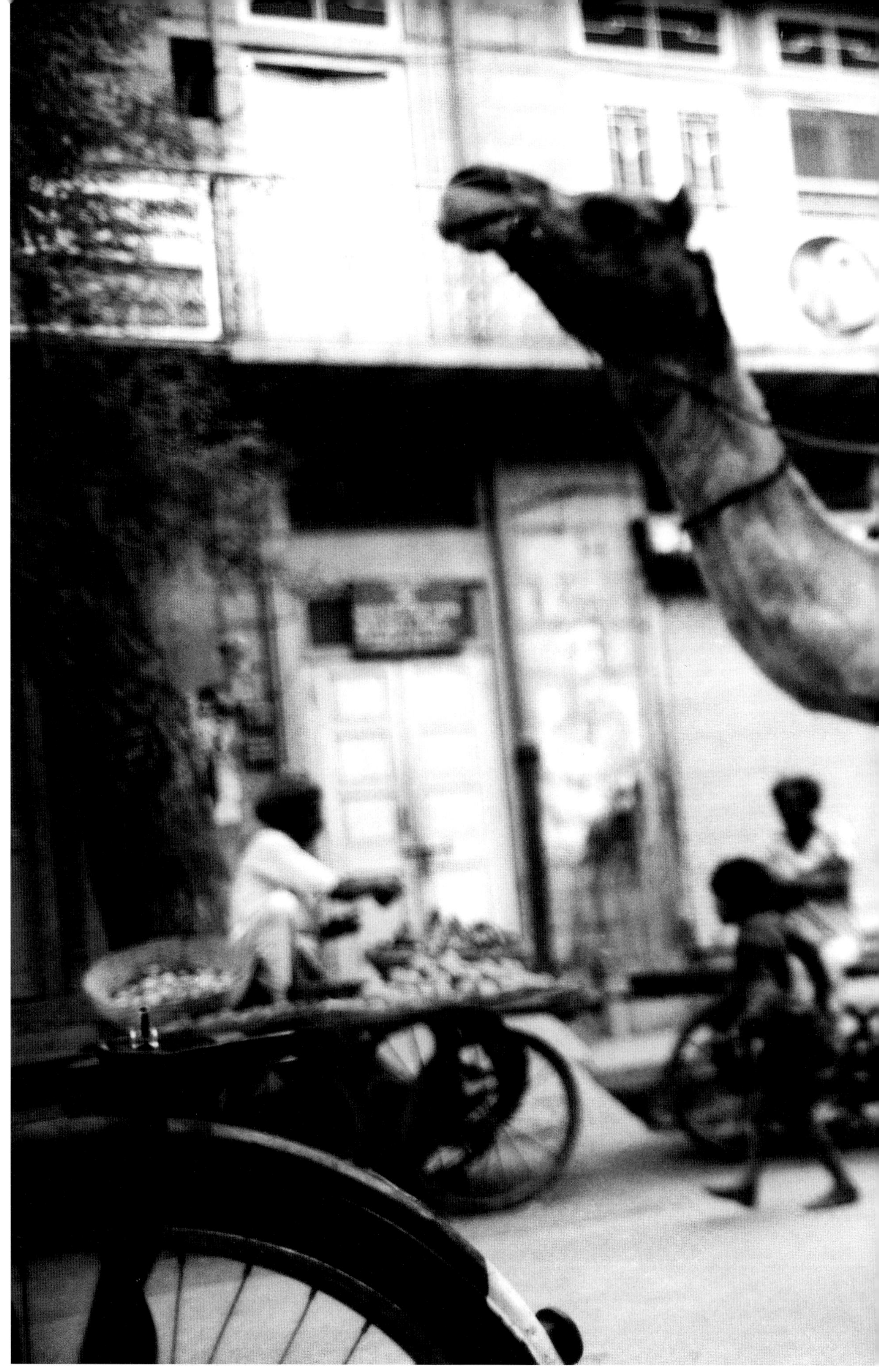

JAISALMER, JANUARY 1988

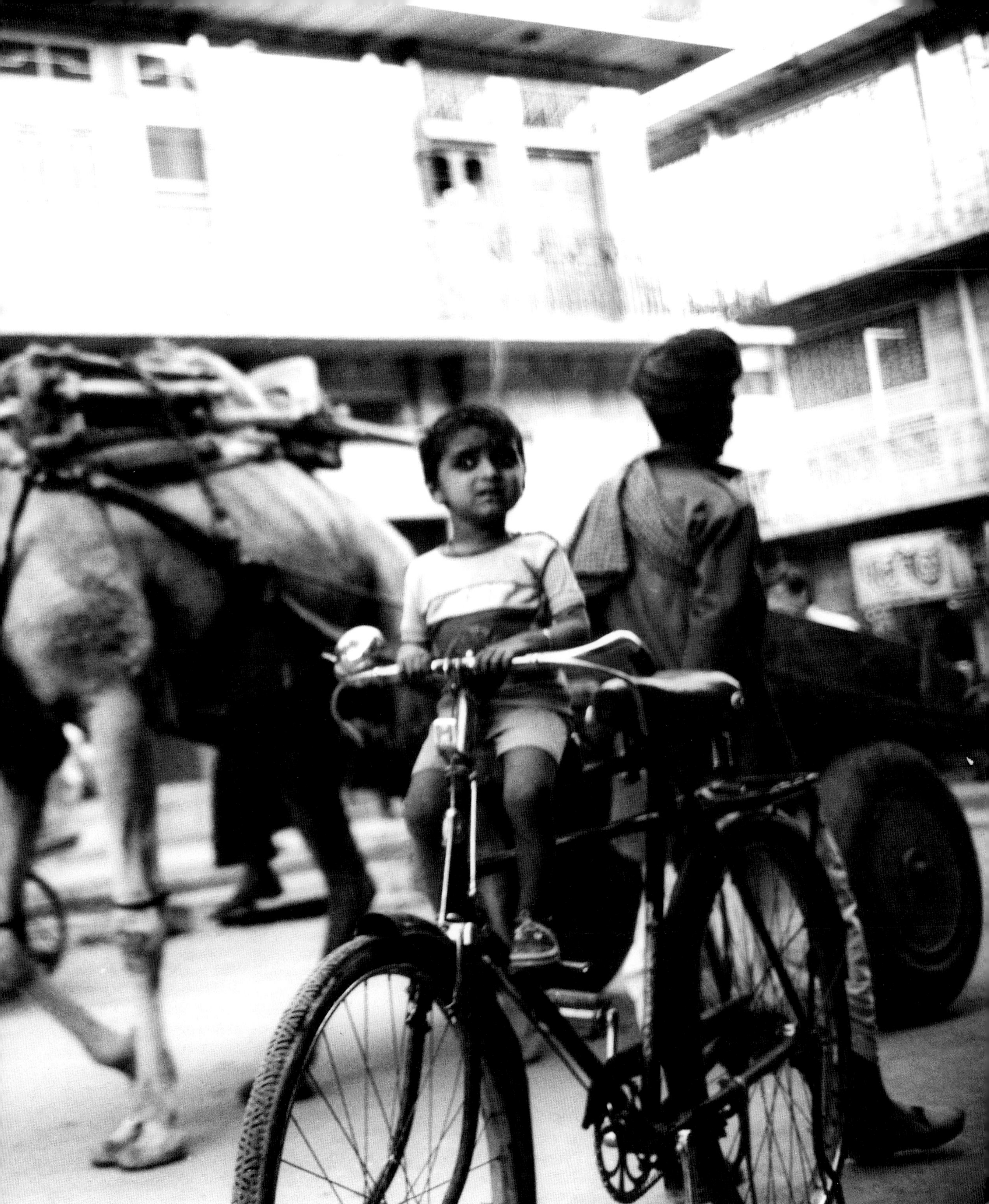

RUE SAINT JACQUES, PARIS, OCTOBER 2003

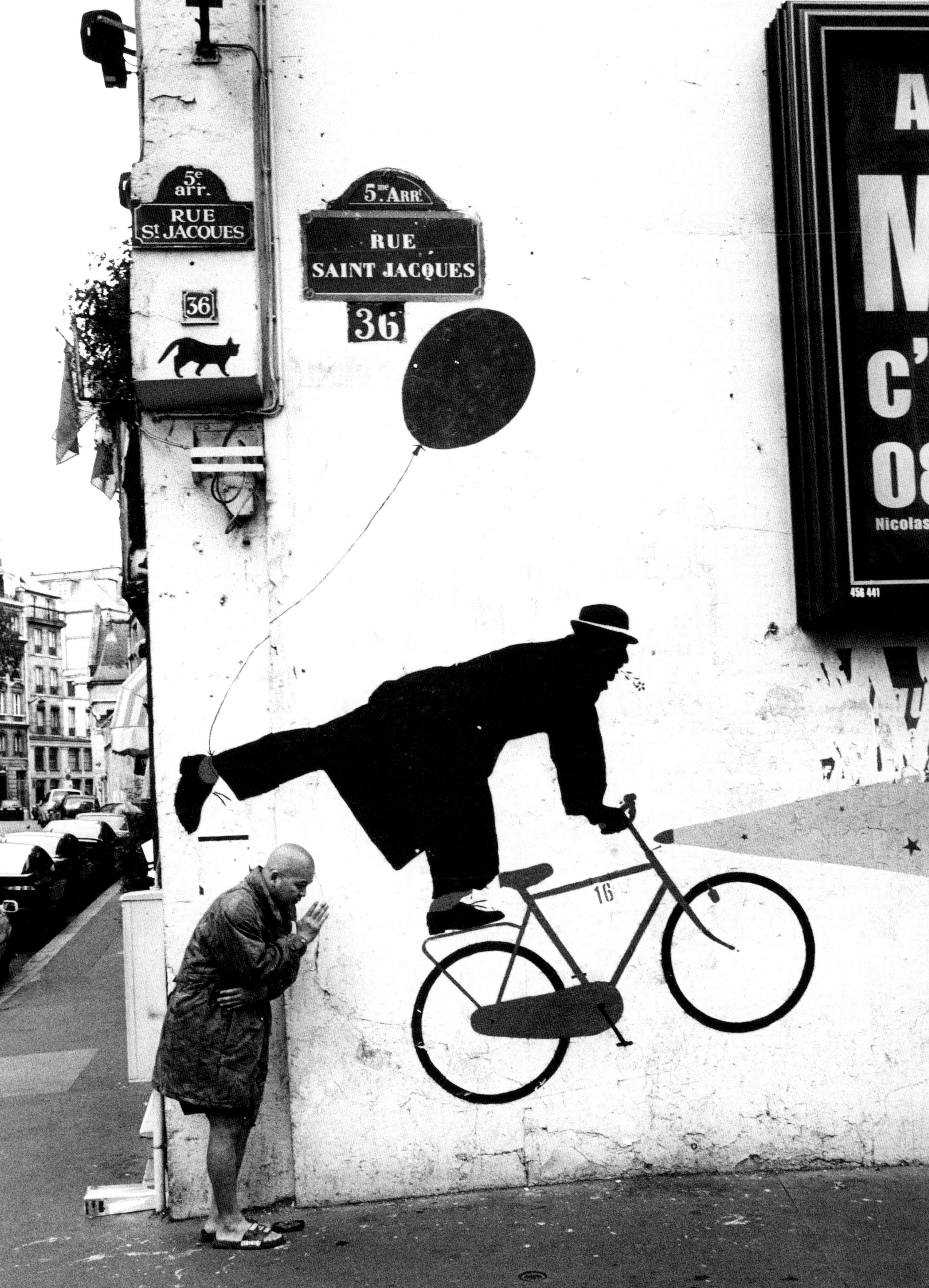

5e
arr.
RUE
St JACQUES
36
5me Arr
RUE
SAINT JACQUES
36
16
A
M
C'
08
Nicolas
456 441

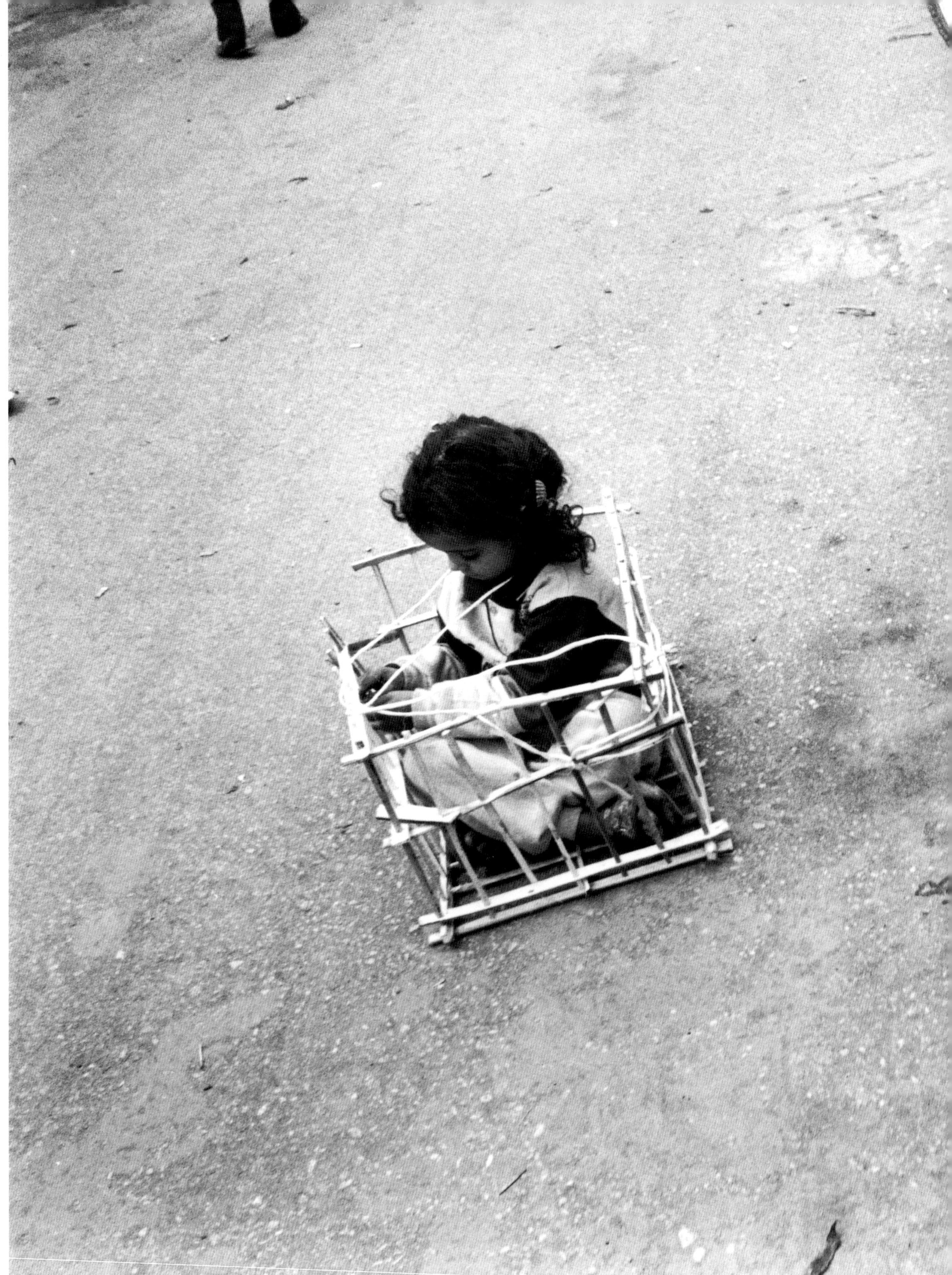

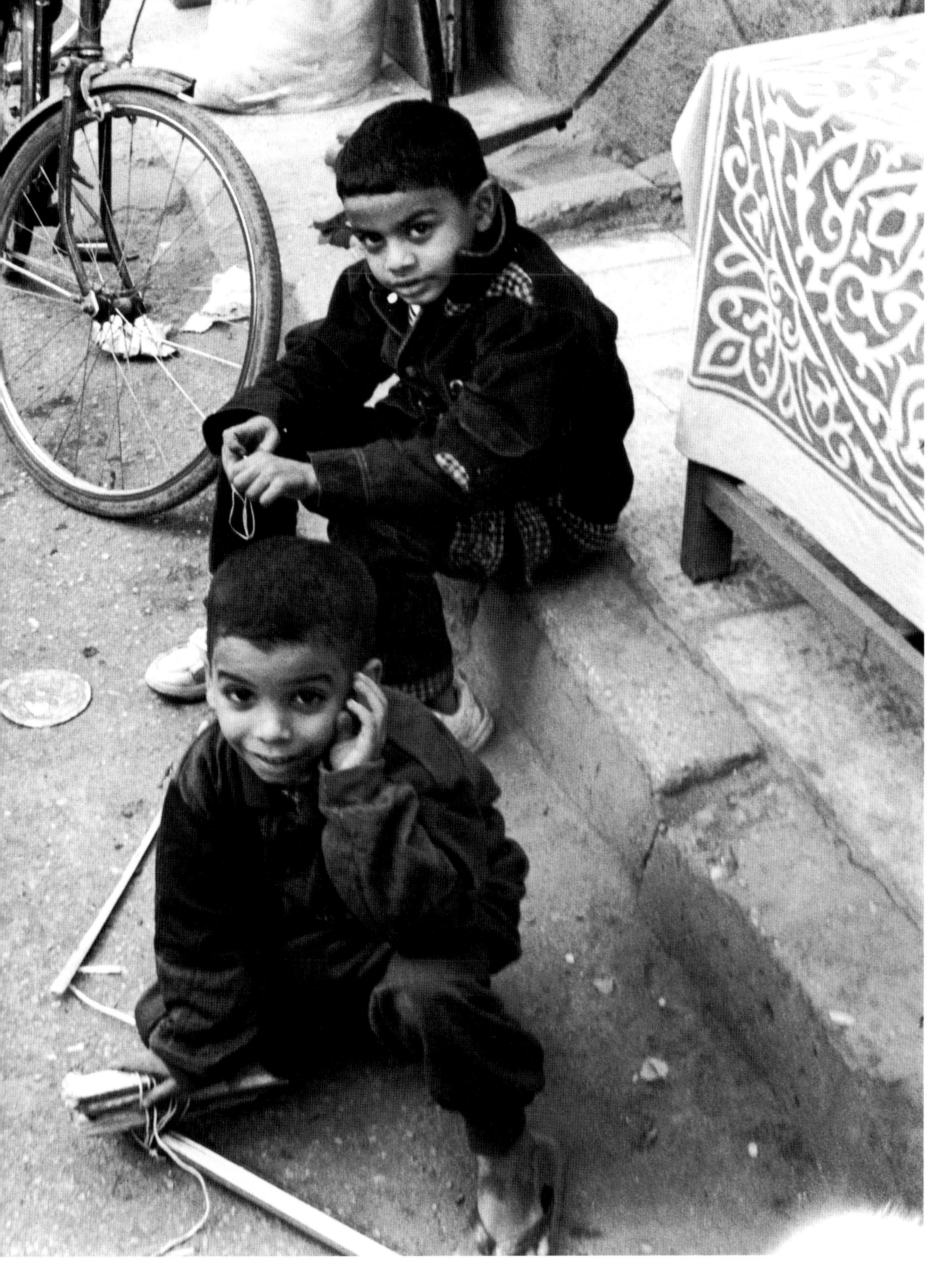

MARRAKECH, JANUARY 2002
SALVADOR, BAHIA, JUNE 1999

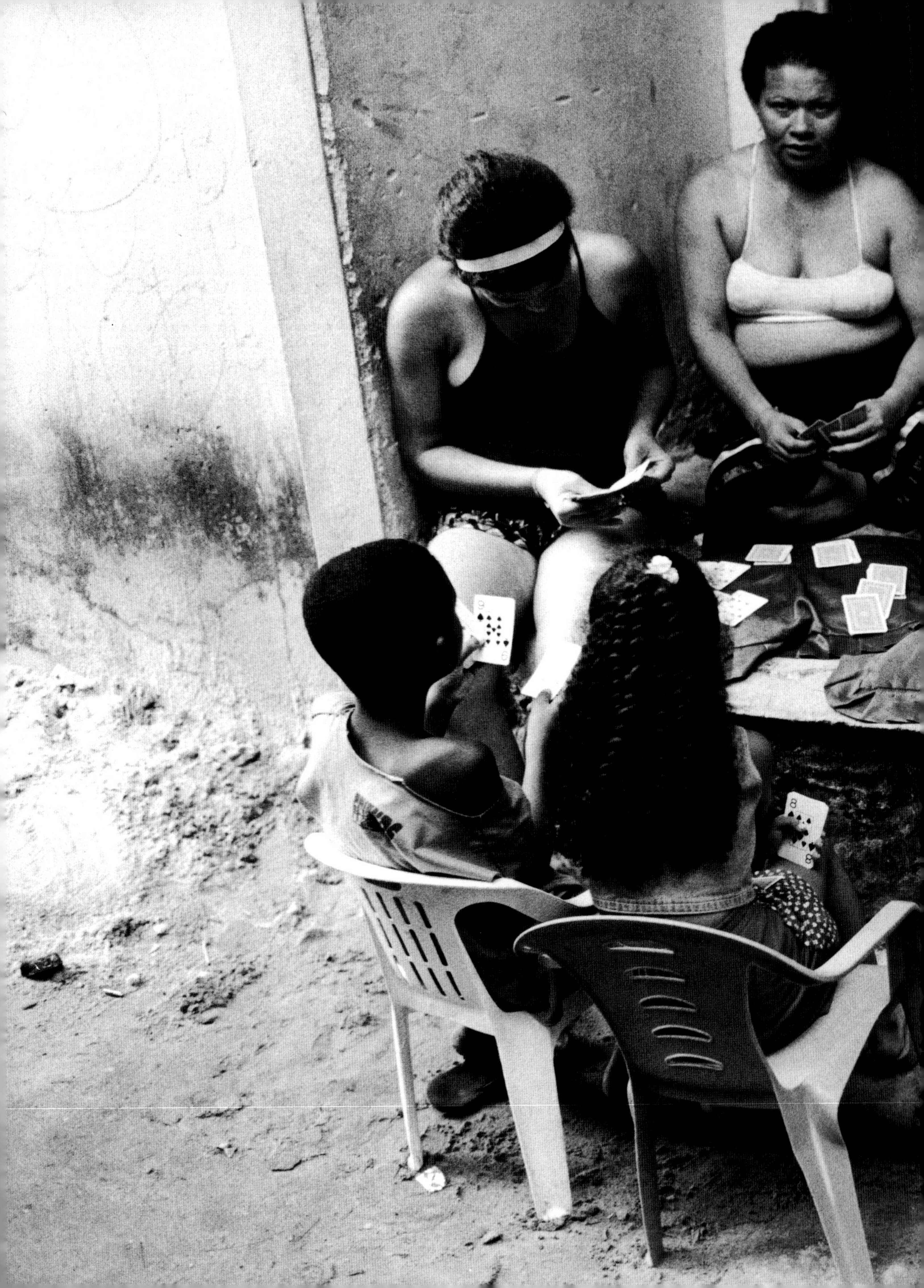

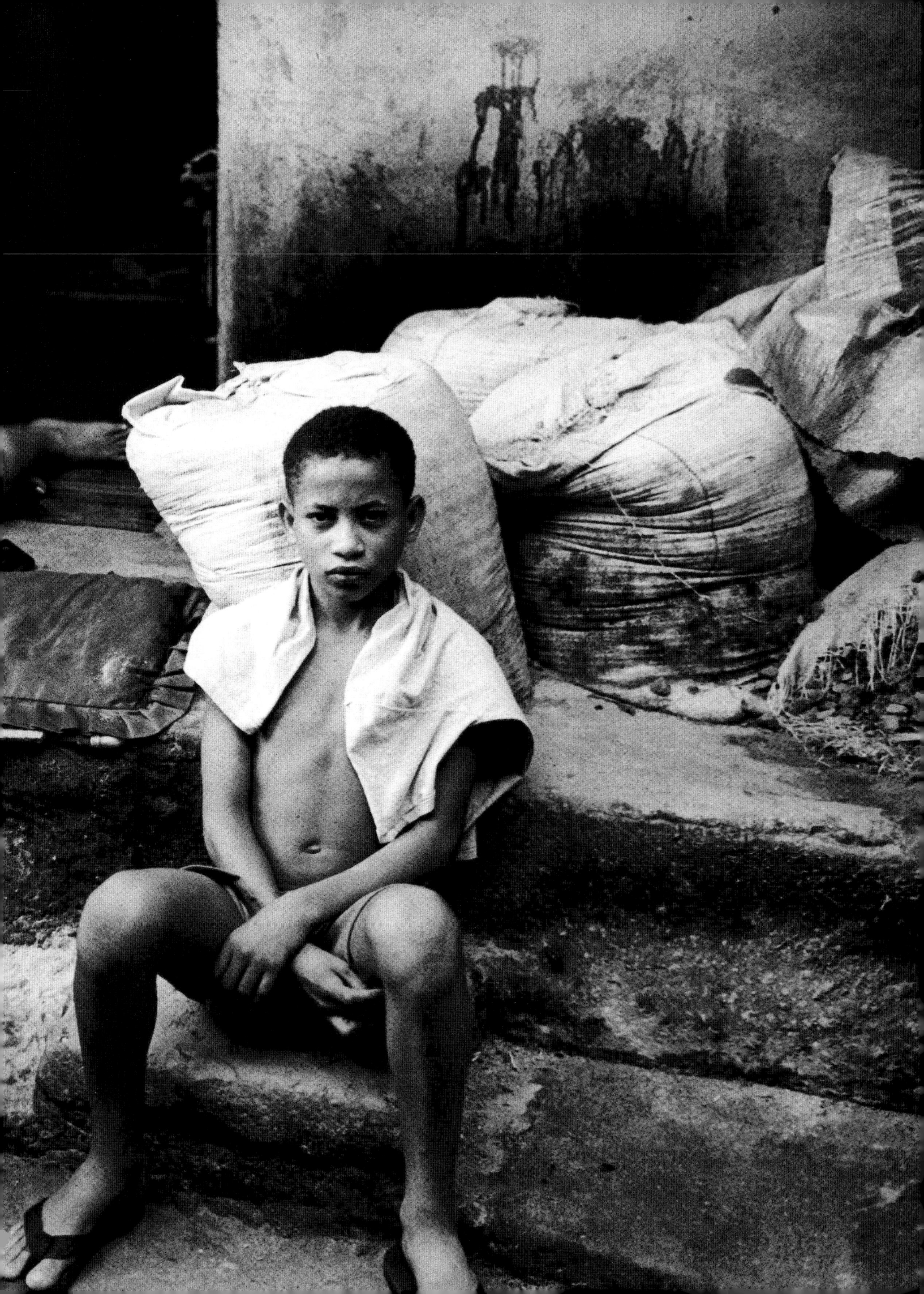

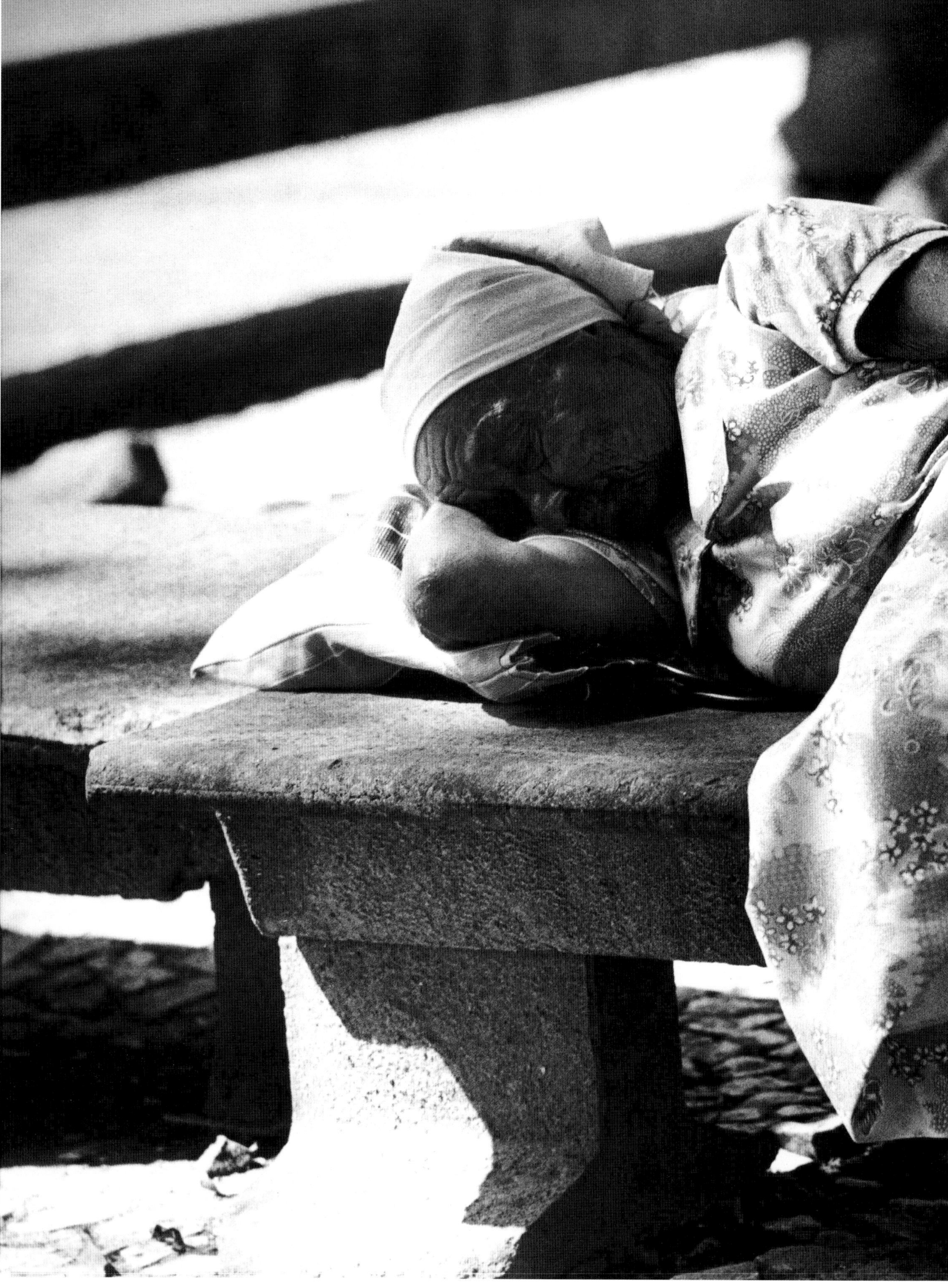

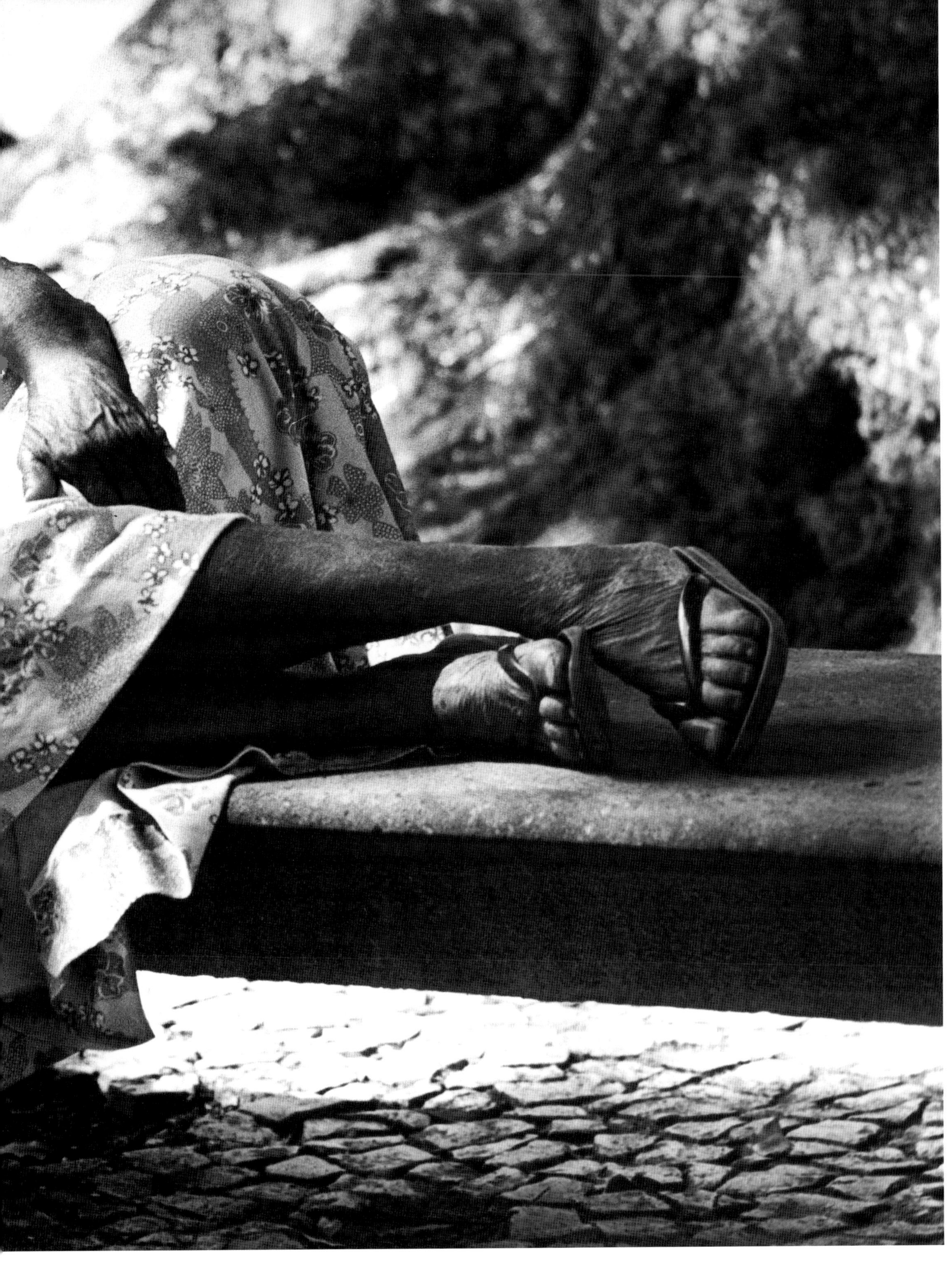

SALVADOR, BAHIA, JUNE 1999

BIOGRAFIE
BIOGRAPHY

François-Marie Banier wurde am 27. Juni 1947 in Paris geboren.
François-Marie Banier was born on 27 June 1947 in Paris.

EINZELAUSSTELLUNGEN
SOLO EXHIBITIONS

1991   Musée National d'Art Moderne, Centre Georges Pompidou, Paris

1994   Bunkamura Gallery, Tokyo

1995   Galerie Beatrice Wassermann, München

1997   Galleria Francese, Roma

1998   *Private Heroes*, Württembergischer Kunstverein, Stuttgart

1999   *Vivre*, Pinacoteca do Estado, São Paulo
Vivre, Museu de Arte Moderna, Rio de Janeiro
Derniers Travaux, Galerie Ghislaine Hussenot, Paris

2000   *Fotos y pinturas*, Centro Cultural Recoleta, Buenos Aires
La Triennale & Fondazione Mudima, Milano
Tokyo Metropolitan Museum of Photography, Tokyo
Täglich Neues, Ludwig Museum, Koblenz

2001   *Täglich Neues*, Ludwig Museum, Budapest

2003   Maison Européenne de la Photographie, Paris
Grandeur Nature, Transphotographiques, Crypte de Notre Dame de la Treille, Lille

2004   Bass Museum of Art, Miami Beach
On the Edge, Krefelder Kunstmuseen, Museum Haus Lange, Krefeld

GRUPPENAUSSTELLUNGEN
GROUP EXHIBITIONS

1996–1997 *Double vie, double vue*, Fondation Cartier pour l'Art Contemporain, Paris

1998   *Photo Biennal*, Le Grand Manège, Moscow

2004   *Acquisitions récentes*, Maison Européenne de la Photographie, Paris

BIBLIOGRAFIE
BIBLIOGRAPHY

BÜCHER UND KATALOGE
BOOKS AND CATALOGUES

Photographies, Paris: Gallimard / Denoël, 1991

Past Present, New York: William Morrow, 1996

Photographies, Kat./cat., Rome: Galleria Francese, 1997

Past Present, München: Schirmer/Mosel, 1997

Private Heroes, Kat./cat., Stuttgart: Württembergischer Kunstverein; Cantz, 1998

Vivre, Kat./cat., São Paulo: Pinacoteca do Estado; Rio de Janeiro: Museu de Arte Moderna, 1999

Derniers Travaux, Kat./cat., Paris: Galerie Ghislaine Hussenot, 1999

Fotos y pinturas, Kat./cat., Buenos Aires: Centro Cultural Recoleta, 2000

François-Marie Banier, Kat./cat., Milan: La Triennale & Fondazione Mudima, 2000

François-Marie Banier, Kat./cat., Tokyo: Tokyo Metropolitan Museum of Photography; Asahi Shimbun, 2000

Täglich Neues, Kat./cat., Koblenz: Ludwig Museum; Budapest: Ludwig Museum; Wienand, 2000

Brésil, Paris: Gallimard, 2001

François-Marie Banier, Kat./cat., Paris: Maison Européenne de la Photographie; Gallimard, 2004

François-Marie Banier, Kat./cat., Miami Beach: Bass Museum of Art; Gallimard, 2004

On the Edge, Martin Hentschel (ed.), Kat./cat., Krefeld: Krefelder Kunstmuseen, Museum Haus Lange; Kerber Verlag, 2004

ROMANE
NOVELS

Les résidences secondaires, Paris: Grasset, 1969

Le passé composé, Paris: Grasset, 1971

La tête la première, Paris: Grasset, 1972

Balthazar, fils de famille, Paris: Gallimard, 1985

Sur un air de fête, Paris: Gallimard, 1990

THEATER
THEATRE

Hôtel du lac, Paris: Gallimard, 1975

Nous ne connaissons pas la même personne, Paris: Grasset, 1978

Je ne t'ai jamais aimé, Paris: Gallimard 2000

François-Marie Banier publiziert ständig in *The New Yorker*.
François-Marie Banier contributes frequently to *The New Yorker*.

IMPRESSUM
COLOPHON

Dieser Katalog erscheint anlässlich der
Ausstellung
FRANÇOIS-MARIE BANIER: ON THE EDGE
im Museum Haus Lange, Krefeld,
initiiert durch die Krefelder Kunstmuseen.

This book accompanies the exhibition
FRANÇOIS-MARIE BANIER: ON THE EDGE
in Museum Haus Lange, Krefeld,
initiated by the Krefelder Kunstmuseen.

Ausstellungsdaten
Museum Haus Lange, Krefeld
13. Juni – 3. Oktober 2004

Exhibition Schedule
Museum Haus Lange, Krefeld,
June 13 – October 3, 2004

Kuratiert von
Curated by
Martin Hentschel

Ausstellungsorganisation
Exhibition Organization
Martin Hentschel, Marion Roggelin

KATALOG
CATALOGUE

Herausgeber
Editor
Martin Hentschel

Konzept, Kataloggestaltung, Lithografie
Concept, Catalogue Design, Lithography
Harald Richter

Redaktion
Editorial Work
Martin Hentschel

Übersetzungen
Translations
Malcolm Green, Heidelberg
(deutsch-engl. / German-Engl.)
Helmut Waller, Tübingen
(französ.-deutsch / French-Germ.)
Michael Worton, London
(französ.-engl. / French-Engl.)

Lektorat
Proofreading
Thomas Krause, Moers

Printed and published by
Kerber Verlag, Bielefeld

© 2004
Kerber Verlag, Bielefeld,
Krefelder Kunstmuseen,
Künstler, Autoren und Übersetzer
artist, authors and translators

ISBN 3-936646-84-8
Limited Edition
Printed in Germany

US Distribution
D.A.P.
Distributed Art Publishers Inc.
155 Sixth Avenue 2nd Floor
New York, N.Y. 10013
Tel. (001) 212 627 19 99
Fax (001) 212 627 94 84

Homepage
François-Marie Banier:
www.fmbanier.com

SPECIAL THANKS
François-Marie Banier, Martin d'Orgeval,
Patricia Topolski-Lambert, David Rocksavage

Sponsored by
L'ORÉAL